DER LÄCHERLICH EINFACHE LEITFADEN FÜR DIE APPLE WATCH SERIES 4

I0402912

EINE PRAKTISCHE ANLEITUNG FÜR DEN EIN-STIEG IN DIE NÄCHSTE GENERATION VON APPLE WATCH UND WATCHOS 5

SCOTT LA COUNTE

Ridiculously Simple Press
ANAHEIM, CALIFORNIA

Inhalt

Einleitung

Die Weichen wurden im September 2018 gestellt. Es war das große Ereignis des iPhone. Der Tag, an dem Journalisten und Apple-Fans sich gleichermaßen nach dem neuesten und besten iPhone sehnten. Aber eine lustige Sache passierte auf dem Weg zur Ankündigung: Apple Watch Series 4 hat allen den Atem geraubt!

Die Apple Watch gibt es natürlich schon seit drei Jahren und wurde mehrfach aktualisiert. Aber 2018 war anders: Die Smartwatch war endlich bereit für die Massen. Dies war keine Smartwatch für Early Adopters oder Fitnessbegeisterte - das war die Smartwatch, hinter der sich Ihre Eltern und Großeltern stellen würden.

Zusätzlich zu all den großartigen Funktionen, die Apple Watch schon immer geboten hat, ist die Serie 4 schlanker (aber mit einem etwas größeren Bildschirm), hat optional Mobilfunk für Telefonate und Musik-Streaming ohne Ihr Handy und eine Hin-fallen-Erkennung (wenn Sie also fallen und nicht auf-stehen können, wird die Feuerwehr zu Ihrem Standort geschickt). Alles daran wurde entwickelt, um Sie zu motivieren, aktiver zu sein.

So erstaunlich alle neuen Funktionen auch sind, es ist nicht ganz so einfach zu bedienen wie ein iPhone; der Mangel an Tasten, der kleinere Bild-schirm und die allgemeine Benutzeroberfläche kön-nen eine frustrierte erste Erfahrung bereiten. Der Zweck dieses Buches ist es, neuen Apple Watch Be-nutzern (und Benutzern, die von einem älteren Gerät auf Watch OS 5 aktualisieren) zu helfen, das Beste aus ihrer Investition herauszuholen.

Sind Sie bereit, Ihre neue Apple Watch zu genie-ßen? Dann lasst uns anfangen!

[1]

IST APPLE WATCH WIRKLICH DIE BESTE SMARTWATCH AUF DEM MARKT?

Dieses Kapitel wird folgendes abdecken:
- Erfahren Sie mehr über andere Smart-watches
- Erfahren Sie, wie Apple Watch ähnlich und unterschiedlich ist.

In Bezug auf Smartwatches gibt es nichts, was dem entspricht, was Apple gebaut hat. Die Menüs sind flüssig, es ist schlank und, wie andere Apple-Produkte, funktioniert es einfach. Aber nehmen wir uns einen Moment Zeit und schauen wir uns an, wie sich die anderen Smartwatches gegen die Apple Watch schlagen.

Android Wear

Wenn Sie ein Android-Handy haben, dann ist Android Wear die offizielle Smartwatch für Sie. Apple Watch wird von Android nicht unterstützt. Die meisten Android Wear Smartwatches sind $200 bis $300 Dollar - obwohl es mehrere billigere Optionen im Bereich unter $50 gibt... aber sie sind aus einem bestimmten Grund billiger - sie funktionieren nicht so, wie man es erwarten würde; sie sind meistens billiges Plastikspielzeug, das nur irgendwie das machen, was Sie wollen.

Im Gegensatz zu Apple Watch ist Android Open Source und viele Modedesigner haben ihre eigenen Smartwatches entworfen. Kate Spade, Marc Jacobs und Michael Kors sind nur einige wenige Designer, die Sie auf Android finden werden.

Die meisten Android-Smartwatches haben Batterien, die einen Tag halten... wie die Apple Watch; und die meisten, wie die Apple Watch, haben Sensoren, um Gesundheit und Fitness zu tracken. Es gibt auch viele Apps, die Sie auf Ihre Smartwatch laden können.

Warum ist Apple Watch also besser als Android Wear? Die Meinungen gehen natürlich auseinander, aber viele haben das Gefühl, dass Apple Apps reibungsloser funktionieren und alles flüssiger ist. Im Gegensatz zu Android überprüft Apple seine Apps, um sicherzustellen, dass Apps, die nicht wirklich etwas bewirken, nicht in den App Store gelangen.

Es sollte auch beachtet werden, dass WatchOS (Apples Betriebssystem) für eine Smartwatch entwickelt ist; Android's Watch OS ist für jede Smartwatch angepasst und einige Hersteller investieren nicht den Aufwand in diese Anpassung, die notwendig ist, um die Smartwatch großartig zu machen.

Einige Android-Watches werden auf dem iPhone in gewisser Weise unterstützt, aber nicht alle.

Pebble

In Bezug auf den Preis ist Pebble die beste Smartwatch für Ihr Geld. Die Pepple-Smartwatch existierte 2016 nicht mehr (ihr geistiges Eigentum wurde an FitBit verkauft), aber Sie können immer noch gute Angebote für diese 2016er Modelle finden.

Die Pebble-Smartwatch ist eine der wenigen Smartwatches, die sowohl mit Android- als auch mit iPhone-Smartphones kompatibel ist. Die Pebble ist keine schlechte Smartwatch, aber sie ist limitiert. Es gibt keinen Touchscreen, die Grafiken sind unterdurchschnittlich, und die Benachrichtigungen sind nicht so flüssig wie bei Apple Watch. Es wird auch keine Modepreise gewinnen.

Microsoft Band

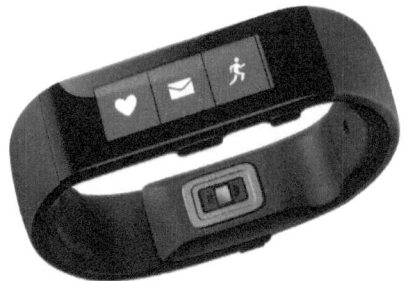

Windows hat auch eine Smartwatch namens Microsoft Band. Es als Smartwatch zu bezeichnen, ist jedoch eine ziemliche Übertreibung. Während es die Zeit anzeigt, ist es eher eine High-End-Fitness-Armband. Bei $199 werden die meisten Leute sich fragen, warum sie nicht einfach etwas mehr für eine Apple Watch oder etwas weniger für einen Fitbit oder Jawbone bezahlen sollten (beide kosten etwa $120).

Fitbit

Und wo wir gerade von Fitbit sprechen, sie sind kürzlich in das Smartwatch Geschäft eingetreten, mit ihrem 199 $ FitBit Versa. Wenn Sie auf der Suche nach einer reinen Fitnessuhr sind und nicht mehr für die Apple Watch ausgeben wollen, dann ist die Versa Ihre beste Wahl.

[2]

So viele Modelle! Welche ist das Richtige für mich?!

Dieses Kapitel wird folgendes abdecken:
- Worin besteht der Unterschied zwischen allen Series Watches?
- Warum mehr für Edelstahl bezahlen?
- Welches ist das richtige Modell für mich?

Die Apple Watch gibt es in verschiedenen Aus-führungen. Jede Smartwatch - von der originalen Apple Smartwatch bis zur Serie 4 - ist mit jedem Armband der vorherigen Generation kompatibel.

Wenn Sie also eine originale Apple Smartwatch haben, können Sie immer noch das teure Armband verwenden, das Sie vielleicht gekauft haben. Sie können auch Drittanbieter-Armbänder finden, die viel billiger bei Amazon und anderen Online-Händlern sind.

Das Mailänder Loop-Armband von Apple zum Beispiel kostet 149 Dollar; das folgende Beispiel sieht genauso aus, kostet aber weniger als 20 Dollar! Die Qualität ist nicht die gleiche, aber wenn Sie nur etwas wollen, das gut aussieht, dann könnte dies eine gute Option sein. Ich werde die Armbänder am Ende dieses Buches ausführlicher behandeln.

Jede Version der Smartwatch ist in zwei Größen 38mm und 42mm für frühere Modelle erhältlich; 40mm und 44mm für die Serie 4; jede Version ist auch in Aluminium und Edelstahl erhältlich - Edelstahl ist die teuerste Variante.

Apple Watch Series 0 und 1

Die Apple Watch ist die Smartwatch, mit der alles begann; es gab keine „Seriennummer" - wenn Sie also die Apple Watch Series 1 sehen, schauen Sie nicht wirklich auf die erste Edition der Smartwatch.

Dieses Jahr ist das erste Jahr, in dem die ursprüngliche Apple Watch kein WatchOS-Update erhalten hat (d.h. die Leute, die mehr als 20.000 Dollar für eine Smartwatch bezahlt haben, haben jetzt ein wertloses Stück Technologie). Es funktioniert immer noch gut - es hat nur keine neuen Features. Sie können es nicht mehr neu finden, aber Sie können wahrscheinlich ein gebrauchtes in anständiger Form für niedrige $100s finden.

Die Apple Watch Series 1 wird immer noch unterstützt (obwohl wahrscheinlich nächstes Jahr nicht mehr) und Sie können sie auf der Apple Store Website ab 169 $ Refurbished kaufen.

Apple Smartwatch Series 2

Die Series 2 führte Wasserdichtheit und GPS auf die Smartwatch ein. Sie können es gelegentlich im Apple Refurbished Store sehen, aber es wird nicht mehr neu verkauft.

Apple Smartwatch Series 3

Mobilfunk wurde der Apple Watch Series 3 hinzugefügt. Das bedeutet, dass Sie von Ihrer Smartwatch aus telefonieren können, auch wenn Ihr Handy nicht in der Nähe ist. Es ist derzeit die günstigste Smartwatch, die Sie für 279 $ neu kaufen können.

Apple Smartwatch Series 4

Die Smartwatch der Series 4 beginnt bei $399. Der größte auffällige Unterschied ist das Aussehen: Sie ist größer als frühere Generationen, aber auch dünner und leichter. Im Inneren ist der Prozessor schneller, der Bildschirm heller und die Batterie hält länger.

Die Apple Watch der Serie 4 gilt als die ultimative Smartwatch für Fitness. Es ist auch die Smartwatch, die Sie Ihren Eltern und Großeltern zur Verfügung stellen möchten - sie hat eine Hinfallen-Enerkennung und ruft automatisch um Hilfe, wenn sie erkennt, dass Sie gefallen sind und nicht reagiern.

Welche Smartwatch ist die richtige für Sie? Es sei denn, Sie haben ein Verlangen, 1000+ für eine Smartwatch auszugeben, dann berücksichtigen Sie wahrscheinlich das Edelstahlmodell mit Hermesarmband über das Sportmodell. Wo ist der Unterschied? Was die Abnutzung betrifft, so halten sich beide Smartwatches ziemlich gut; jede Smartwatch - auch die teureren - hat die gleiche Hardware. Das

Edelstahlmodell hat ein stärkeres Display, das etwas kratzfester ist.

Im Gegensatz zum iPhone oder iPad zahlen Sie nicht mehr für mehr Speicher - Sie bezahlen für das Finish - also ist es wirklich eine Frage des Geschmacks. Die Edelstahl-Smartwatch ist glatt und glänzend. Wenn Sie es sich leisten können und etwas eleganteres wollen, dann ist die Edelstahl-Smartwatch eine gute Wahl.

Wenn Sie versuchen, sich zwischen der ersten und zweiten Series zu entscheiden, kommt es wirklich darauf an, wie Sie es benutzen werden. Wenn Sie ein Schwimmer sind und Ihre Smartwatch im Pool benutzen wollen, dann wollen Sie auf jeden Fall die Series 2 und höher; das GPS der Series 2 ist auch ideal für Fitness und Tracking, wo Sie hingehen, wenn Ihr Handy nicht neben Ihnen ist. Die Series 1 (und sogar die originale Apple Watch) ist jedoch immer noch eine ausgezeichnete Smartwatch.

Wenn Sie sich versuchen zu entscheiden, ob Sie die Series 3 oder 4 kaufen sollten, ist meine Empfehlung, ein wenig mehr für die 4 auszugeben. Es wird von WatchOS am längsten unterstützt. Das größte Display funktioniert auch besser, da neuere Apps für die Smartwatch entwickelt werden.

Wenn Sie die Smartwatch bereits besitzen und das Armband, das Ihnen gefällt, nicht mögen, können Sie das Armband (auch wenn es geöffnet ist) innerhalb von 14 Tagen in jedem Apple Store für ein gleichwertiges Armband zurückgeben. (Hinweis: Dieses Angebot ist nicht unbedingt für immer gültig, also erkundigen Sie sich bei Ihrem Händler, bevor Sie einen Tausch vornehmen.)

Apple Watch Series 0 vs. Series 4

Die erste Apple Watch heißt Apple Watch; da Apple im nächsten Jahr eine Serie eingeführt hat, wird sie liebevoll als Series 0 bezeichnet. In den letzten Jahren hat Apple die Series 0 weiterhin mit Updates unterstützt. Das änderte sich mit WatchOS 5.

Das bedeutet nicht, dass die Series 0 komplett veraltet ist. Sie können es sich für weniger als $100 holen (ein Bruchteil von dem, was das Neue kostet) und sie arbeiten immer noch mit Telefonen - Sie werden nur das alte Betriebssystem verwenden. Sie werden auch mit einer Smartwatch mit nicht so langer Akkulaufzeit festsitzen.

Wenn Sie sehen möchten, was ein Unterschied zwischen vier Generationen ausmacht, finden Sie unten die Nebeneinanderaufnahmen der Series 0 und 4. Das erste Bild zeigt, wie die Series 4 an den Ecken etwas abgerundeter ist. Hier ist es nicht so auffällig, aber der Bildschirm ist auch etwas größer - auch wenn die Smartwatch leichter ist. Die Series 4 ist auf der linken Seite und die Series 0 auf der rechten Seite.

Als nächstes folgt eine Nebeneinanderaufnahme der beiden Smartwatches.

Die abgerundeten Ecken sind im nächsten Bild
etwas deutlicher zu erkennen.

Ein nähere Nebeneinanderaufnahme zeigt die Dicke der Series 0 im Vergleich zur Series 4.

Schließlich zeigt ein Blick auf den Rücken, wie unterschiedlich die Sensoren sind. Die Series 4 hat einen Sensor im Gegensatz zu den 4 bei der Series 0.

[3]

WIRD DIE APPLE WATCH FOLGENDES TUN...

Dieses Kapitel wird folgendes abdecken:
- Was die Apple Watch nicht tun wird.
- Was die Apple Watch ohne ein iPhone in der Nähe tun wird.
- Was die Apple Watch auf Wi-Fi tun wird, ohne ein iPhone in der Nähe zu haben.

Wenn Sie an die Smartwatch denken, haben Sie vielleicht bestimmte Erwartungen - vielleicht ist es das Schauen von Netflix vom Handgelenk aus oder FaceTime mit Ihren Freunden. Bevor ich also weitermache, wie die Smartwatch funktioniert, möchte ich ganz schnell auf die wichtigsten Dinge eingehen, die die Smartwatch nicht kann (von denen einige Leute denken, dass sie es kann) - und tun kann.

Dinge, die die Apple Watch nicht tun wird...

- Videos abspielen. Es kann sehr kleine Clips rendern, aber planen Sie nicht, *Der Herr deiner Ringe* an Ihrem Handgelenk anzuschauen.

- Nachrichten eingeben (es gibt keine integrierte Tastatur...nur ein Mikrofon). Sie können kritzeln, um zu tippen (wir werden das später behandeln).

- Spiele spielen - während es Apple Watch Spiele gibt, ist die Smartwatch ein Begleiter des Telefons und dient zum Anzeigen von kurzen Nachrichten...nicht zum Spielen von Spielen. Sie können also Spiele spielen, aber das ist nicht das, was Sie wollen, um Ihre Gaming-Anforderungen zu erfüllen.

- Synchronisation mit anderen Handys als Apple; die Apple Watch funktioniert nicht mit einem anderen Handy als dem iPhone.

- Kompatibel mit älteren Handys; die Apple Watch ist für iPhone 5 und höher.

- Kompatibel mit herkömmlichen Kopfhörern; es gibt keinen Audioeingang auf der Apple Watch; es funktioniert mit Bluetooth-Kopfhörern, aber diese sind nicht in der Smartwatch enthalten.

- Fotos machen; Sie können Fotos auf der Smartwatch ansehen - Sie können sie sogar als externen Sucher verwenden, um ein Foto auf Ihrem iPhone aufzunehmen - aber die Smartwatch hat keine eingebaute Kamera.

Apple Watch ohne ein iPhone in der Nähe

Um ganz klar zu sein, müssen Sie ein iPhone besitzen, um die Apple Watch nutzen zu können. Die Smartwatch ist nicht mit Android oder einem anderen Smartphone kompatibel. Aber Sie müssen Ihr iPhone nicht überallhin mitnehmen, um die Smartwatch zu benutzen. Und wenn Sie Mobilfunk auf der Smartwatch haben, können Sie mehr durchführen, ohne Ihr Handy in der Nähe. Hier sind einige der Dinge, die Sie tun können, wenn Sie Ihr Handy nicht in der Nähe haben:

- Die Uhrzeit einstellen.
- Musik abspielen (Sie können bis zu 2 GB Songs auf Ihre Smartwatch legen...um es anders auszudrücken, das sind etwa 500 Songs).
- Laufen / Übungen tracken - es wird eine Aufzeichnung von Dingen wie Kalorienverbrauch, Herzfrequenz und Distanz / Tempo speichern und dann synchronisieren Sie es mit Ihrem Handy.
- Standzeiten und Schritte tracken.
- Fotos anschauen - 75 MB sind für Fotos reserviert.
- Lesen, löschen und markieren eingegangener E-Mails.
- Alarm, Stoppuhr und Timer verwenden.
- Passbook verwenden, um Tickets anzuzeigen (z.B. ein Flugzeug oder ein Konzertticket).
- ApplePay benutzen, um Dinge zu kaufen.

Wi-Fi ohne iPhone

Und hier ist, was Sie tun können, wenn Sie Ihr Handy nicht haben, aber Wi-Fi:

- Senden und Empfangen von Textnachrichten und Verwenden von digitalen Touchnachrichten (d.h. Zeichnen und Tippen von Mustern zum Senden als Nachricht).
- Siri benutzen.

Dies und Das

Ein paar andere Dinge, die Sie über die Smartwatch wissen sollten...

- Es dauert etwa zwei Stunden, bis Ihre Apple Watch vollständig aufgeladen ist.
- Es verbraucht den Akku Ihres iPhones...sozusagen; da die Smartwatch mit Ihrem Handy kommuniziert, wird der Akku Ihres Telefons verwendet. Es ist nicht signifikant, aber es reicht aus, dass Sie bis zum Ende des Tages, 30 Minuten bis zu einer Stunde weniger Energie haben.
- Es gibt eine Funktion auf dem Gerät namens „Taptic Engine" - hört sich ausgefallen an, oder? Aber was ist es? Das Taptic Engine ermöglicht es Ihnen, Feedback über Ihr Handgelenk zu erhalten, das sich anfühlt, als würde jemand Sie anstupsen.
- Sie können es als Telefon benutzen...sozusagen. Ja, es klingt sehr Dick Tracy-ähnlich, um Anrufe am Handgelenk zu bekommen, aber

freuen Sie sich sich nicht zu früh - es ist ein wenig unangenehm zu benutzen; um das Beste daraus zu machen, muss man es wirklich hochheben oder in der Nähe des Mundes halten. Und der Klang, der aus den Lautsprechern kommt, ist bestenfalls suboptimal.

- Es zeigt die Zeit an! Nun ja, das wusstest Sie wahrscheinlich. Aber es zeigt die Zeit sehr präzise an (innerhalb von 50 Millisekunden), was sie zu einer der genauesten Smartwatches macht, die je hergestellt wurden.

[4]

OKAY, ALSO, WIE RICHTE ICH DIESE DING EIN?

Dieses Kapitel wird folgendes abdecken:
* Unboxing
* Apple Watch zum ersten Mal einrichten
* Wiederherstellung von einer Apple Watch der vorherigen Generation

In diesem Kapitel geht es darum, es aus der Verpackung zu nehmen und zum ersten Mal einzurichten. Sie könnten sich vielleicht vollkommen wohl fühlen es zu tun, ohne zu lesen wie. Wenn das der Fall ist, dann gehen Sie zum nächsten Kapitel über - Sie werden hier nichts verpassen.

Der Prozess ist ziemlich einfach, aber wenn Sie eine Erklärung wollen, was es tatsächlich in jedem Schritt tut - wie z.b. warum es nach der Privatsphäre gefragt hat - dann lesen Sie weiter.

HINWEIS FÜR BENUTZER DIE UPDATEN: Wenn Sie Ihr iPhone und Ihre Smartwatch von einem früheren Betriebssystem aktualisieren, besteht die Möglichkeit, dass Sie Ihre Smartwatch neu formatieren müssen, um sie zur Synchronisierung zu bringen. Wenn dies der Fall ist, müssen Sie von Ihrer Smartwatch aus zu Einstellungen / Allgemein / Zurücksetzen gehen; tippen Sie dann auf Alle Inhalte und Einstellungen löschen.

Unboxing

Und jetzt der Moment, auf den Sie gewartet haben--das Unboxing! Oder, wie mir das Mädchen in Target erklärte, die „Sie haben 399 Dollar für diese kleine Box bezahlt?!"

Viele Leser haben das Gerät bereits und könnten sich kümmern sich wenig um Unboxing Fotos; einige Leser entscheiden immer noch und sind neugierig, was sich in dieser engen rechteckigen Box befindet. Für diese Leser, genießen Sie die Bilder unten.

Es gibt tatsächlich zwei Boxen in dieser Box; eine enthält die Smartwatch, das Ladegerät und das Ladekabel.

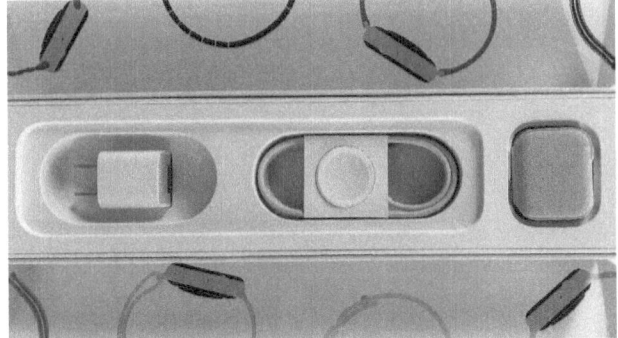

Die andere enthält das Armband und die Anleitung zur Montage des Armbandes.

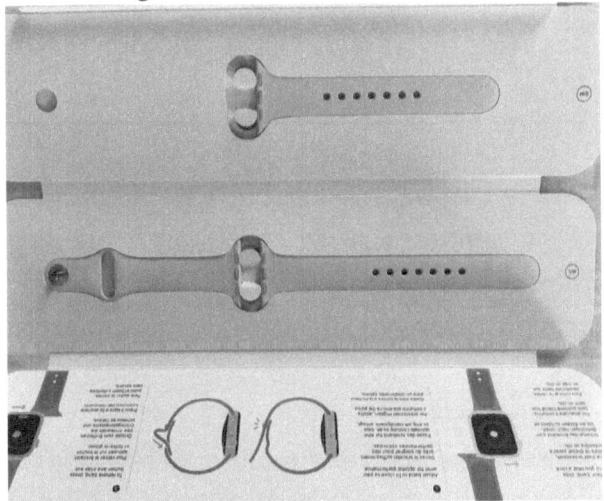

Das Einrichten

Sobald Sie die Smartwatch aus dem Karton haben, drücken Sie den seitlichen Knopf, um sie einzuschalten. Sie erhalten den folgenden Bildschirm:

Da die Apple Watch keine Tastaturen hat, ist das Setup im Vergleich zu anderen Apple Produkten etwas ungewöhnlich. Die Einrichtung der Smartwatch beginnt eigentlich nicht mit der Smartwatch, sondern mit dem iPhone.

Wenn Sie das iPhone iOS 12 und höher nicht ausführen, müssen Sie zuerst Ihr Handy aktualisieren. Sie brauchen auch mindestens ein iPhone 5 - alles andere wird nicht kompatibel sein. Um zu sehen, ob Ihr Handy aktualisiert werden muss, gehen Sie zu Einstellungen auf dem iPhone, dann Allgemein und schließlich Software-Aktualisierung - es zeigt Ihnen an, ob Ihr Handy aktuell ist.

Wenn alles aktualisiert ist, gehen Sie zur Watch App und tippen Sie auf „Pairing starten". Dadurch erhalten Sie den folgenden Setup-Bildschirm.

Stellen Sie Ihre Smartwatch (stellen Sie sicher, dass sie eingeschaltet ist) in dieses quadratische Feld (Sie werden feststellen, dass Ihre Smartwatch jetzt ein bewegtes Bild auf ihrem Bildschirm hat). In nur wenigen Sekunden wird angezeigt, dass Ihre Smartwatch gekoppelt ist.

Von hier aus können Sie entweder aus einem Backup wiederherstellen oder als neue Smartwatch einrichten. Wenn Sie noch nie eine Apple Watch besessen haben (oder neu starten möchten), dann wählen Sie die zweite Option. Wenn Sie frühere Generationen besitzen, dann wählen Sie die erste aus (dies setzt alle Ihre Einstellungen von Ihrer alten Smartwatch auf Ihre neue Smartwatch). Angenommen, Sie richten sie als neue Smartwatch ein, fragt der nächste Bildschirm, ob Sie die Smartwatch am linken oder rechten Handgelenk tragen. Basierend auf Ihrer Antwort ändert sich die Ausrichtung der Smartwatch (Sie können diese später ändern).

Als nächstes müssen Sie den Bedingungen zu-
stimmen. Zögern Sie nicht, es gründlich durchzule-
sen - dann geben Sie es Ihrem Anwalt, um zu
fragen, was er denkt... oder klicken Sie einfach auf
Einverstanden wie alle anderen. Nachdem Sie den
Bedingungen zugestimmt haben, erhalten Sie eine
Nachricht, dass einige Apps Sachen wie Ihren
Standort verwenden werden. Das klingt beängsti-
gend, aber was es im Grunde bedeutet, ist, wenn
Sie eine Karte benutzen wollen, um eine Wegbeschreibung zu erhalten, dann muss es wissen, wo
Sie sind. Ihre einzige Möglichkeit hier ist, ok zu drü-
cken.

Nachdem Sie zugestimmt haben, Ihren Standort mit Apps zu teilen, müssen Sie ein Passwort hinzufügen. Dies funktioniert ähnlich wie bei Ihrem Handy (bevor Sie den Fingerabdruck zum Entsperren hatten oder Face ID). Sie müssen kein Passwort hinzufügen. Das Hinzufügen schützt Ihre Smartwatch davor, dass jemand sie stiehlt und sie dann benutzt.

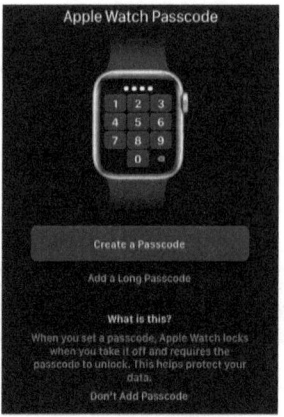

Bricht Apple Ihnen bei diesem Setup das Herz? Der nächste Bildschirm wird helfen, es zu erkennen! Hier erfahren Sie alles über die neue Funktion des Pulsmesser. Lesen Sie es und drücken Sie dann Weiter.

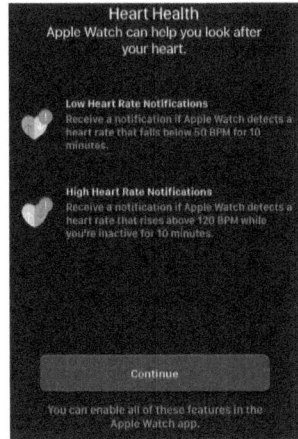

Als nächstes kommt SOS. Diese Funktion wird Ihren Kontakten eine SMS schicken, um ihnen mitzuteilen, wenn Sie in Schwierigkeiten sind. Es ist so etwas wie Apples Version von „Ich bin gefallen und kann nicht aufstehen". Lesen Sie es und drücken Sie dann Weiter umfortzufahren.

Sie haben es vielleicht nicht gewusst, aber viele Ihrer Lieblings-Apps haben bereits Watch-Apps. Sie können alles hinzufügen, was Sie bereits besitzen, oder sie später auswählen. Persönlich wäre ich vorsichtig, alles auszuwählen. Dies ist die einfachste Option, aber Sie werden wahrscheinlich feststellen, dass viele Ihrer Lieblings-Handy-Apps irgendwie sinnlos an Ihrem Handgelenk sind.

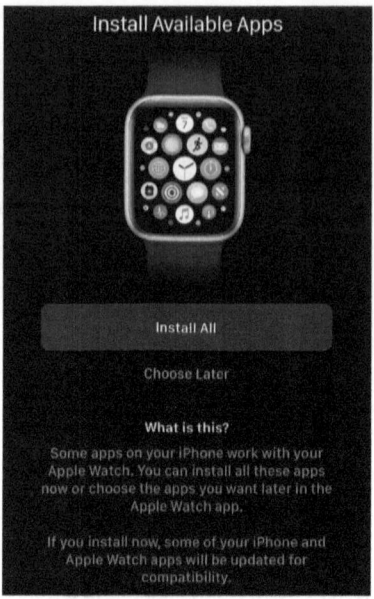

Sie sind fast fertig. Ihr Handy und Ihre Smart-watch werden nun mit allen Einstellungen synchro-nisiert, die Sie gerade ausgewählt haben. Wenn Sie sich entschieden haben, alle Apps zu installieren, wird es einige Minuten dauern, bis Sie fertig sind. Auf dem Weg dorthin werden Sie wahrscheinlich auch eine Nachricht über Ihr Handy erhalten und auch sehen wie eine Sms geteilt wird - das bedeu-tet nur, wenn Ihnen jemand eine Nachricht schickt, bekommen Sie sie an Ihr Handgelenk.

Eine Meldung erscheint nun sowohl auf Ihrem Handy als auch auf der Smartwatch und zeigt an, dass es erledigt ist. Sie können jetzt Ihre Smartwatch benutzen!

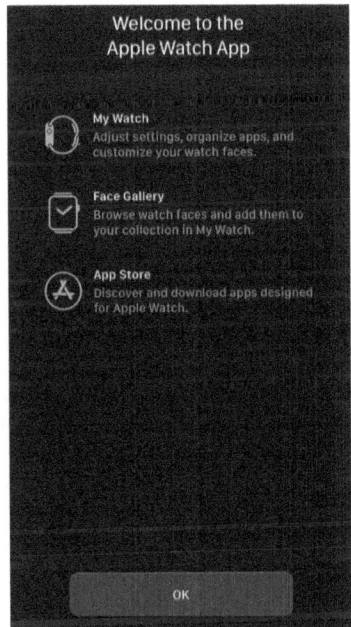

[5]

GENUG MIT DEM SETUP! ZEIGE MIR, WIE MAN DIESES DING BENUTZT!

Dieses Kapitel wird folgendes abdecken:
- Einstellungen anpassen
- Was die Statussymbole bedeuten
- Force Touch
- Gesten und Shortcuts
- Anordnen von Symbolen
- Handoff zwischen Apple Watch und iPhone

Das Einrichten ist ziemlich selbsterklärend, o-
der? Worauf Sie wirklich warten, ist, wie man dieses Ding benutzt! Also lasst uns anfangen!

Einschalten, Aufwachen und Entsperren
   Um Ihre Smartwatch einzuschalten, drücken und
halten Sie die Seitentaste, bis das Apple-Logo erscheint; um sie auszuschalten, drücken und halten
Sie die Seitentaste, bis ein Schieberegler erscheint,
der Sie auffordert, sie zum Ausschalten nach rechts
zu ziehen.

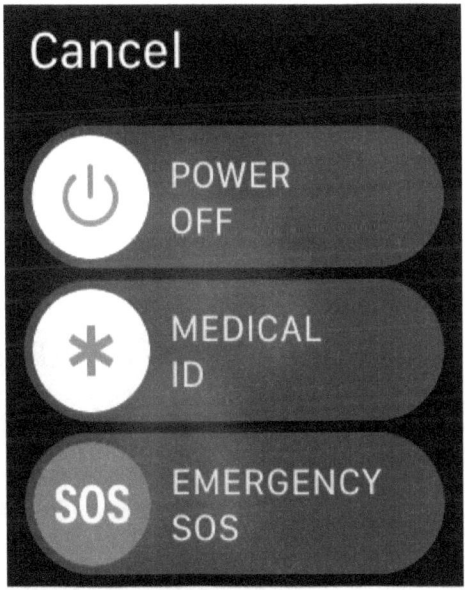

   Das Beenden des Handys Standby-Moduses ist
das Nahtloseste, was Sie tun können - heben Sie
einfach Ihr Handgelenk an! Wie ist das so einfach?

Das Wiedereinschalten des Standby-Modus ist genauso einfach - geben Sie Ihr Handgelenk nach unten.

Wenn Sie Ihr Handgelenk anheben und der Standby-Modus nicht ausgeschaltet wird, ist es möglich, dass Sie eine Einstellung geändert haben. Öffnen Sie die Einstellungen-Ttaste auf dem Startbildschirm Ihrer Smartwatch (sie sieht genauso aus wie die auf Ihrem Handy, nur dass sie rund ist, und gehen Sie dann zu Allgemein und Ausrichtung - stellen Sie sicher, dass die Ausrichtung auf das Handgelenk eingestellt ist, auf der Sie es tragen - wenn Sie sie auf Ihrer rechten Hand tragen und die Ausrichtung auf die linke Hand eingestellt ist, zum Beispiel, dann ändern Sie sie. Die andere Sache, die hätte passieren können, ist, dass Ihre Batterie leer ist.

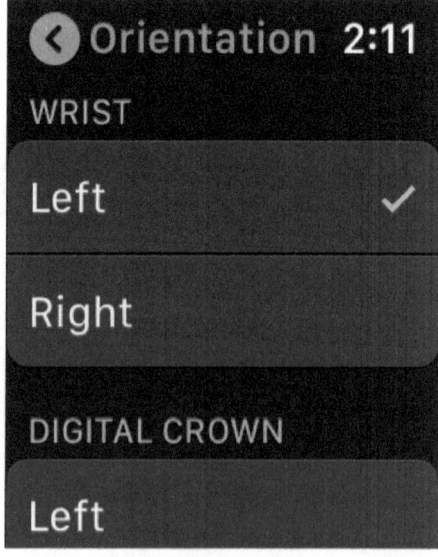

Wenn Sie Ihr Handgelenk anheben, zeigt die Smartwatch entweder Ihr Zifferblatt (d.h. die Zeit) oder die zuletzt geöffnete App an. Standardmäßig wird das Zifferblatt angezeigt, aber wenn Sie möchten, dass es zu Ihrer letzten Aktivität wechselt, gehen Sie zu Einstellungen, dann Allgemein und schließlich Wake Screen - wenn Sie darauf tippen, wählen Sie Wiederaufnahme der vorherigen Aktivität.

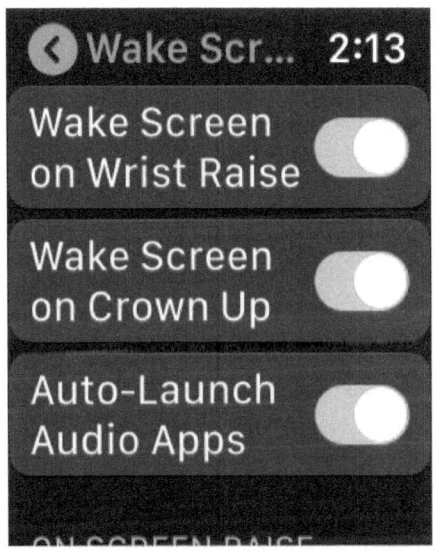

Sie haben auch die Möglichkeit, die Smartwatch mit Ihrem Handy mit einem Passwort zu entsperren. Dies ist eine großartige Funktion, wenn Sie Ihre Smartwatch von einer Sperrung aufheben. Das bedeutet nicht, dass Sie jedes Mal, wenn Sie sich die Zeit ansehen, ein Passwort eingeben müssen,

sondern nur, wenn die Smartwatch nicht am Handgelenk sitzt oder zu locker getragen wird. Das
Passwort kann dasselbe wie beim Telefon sein,
aber es wird empfohlen, dass der Code unterschiedlich ist. Um das Passwort zu aktivieren, gehen Sie vom Startbildschirm Ihrer Smartwatch zu
Einstellungen, scrollen Sie dann nach unten, bis Sie
das Passwort sehen und tippen Sie dann darauf.
Tippen Sie auf Aktivieren der Freischaltung mit
dem iPhone. Wenn Sie es jemals ändern möchten,
folgen Sie einfach den gleichen Schritten, wählen
Sie aber Passwort ändern.

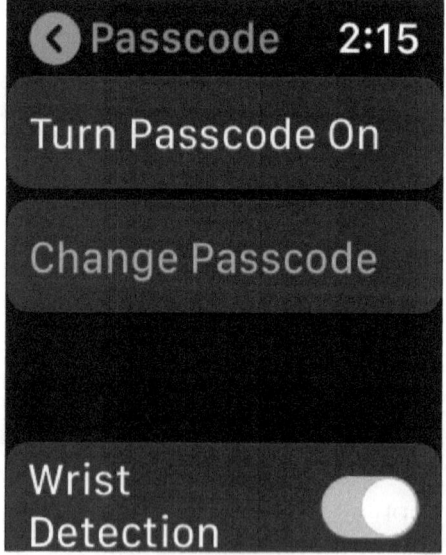

Wenn Sie jemals Ihr Passwort vergessen haben,
dann entfernen Sie es vom iPhone und löschen Sie
alle Einstellungen.

Anpassen von Textgröße, Helligkeit, Tönen und Haptik

Ich hoffe, Sie liebst die Einstellungen, denn dort werden wir für diese Sektion bleiben!

Die Apple Watch ist wahrscheinlich kleiner, als Sie es beim Lesen von Nachrichten, E-Mails, Nachrichten usw. gewohnt sind; wenn sie zu klein ist, können Sie den Text vergrößern, indem Sie zu Helligkeit und Textgröße gehen, auf Textgröße tippen und dann den Digital Crown-Regler verwenden, um ihn zu vergrößern oder zu verkleinern. Sie können auch die Fettschrift des Textes aktivieren oder deaktivieren (Hinweis: Bevor die Fettschrift aktiviert wird, muss die Smartwatch zurückgesetzt werden.).

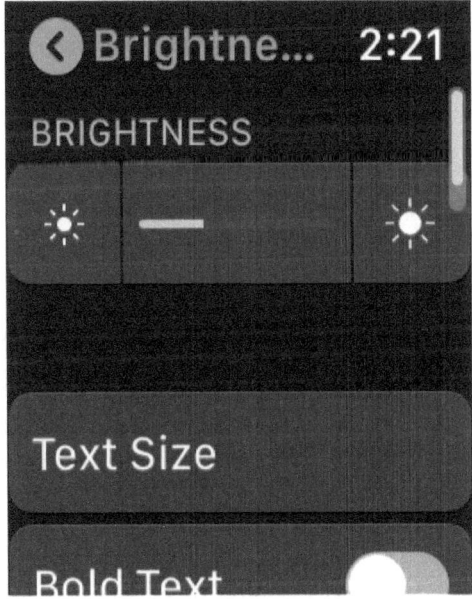

In diesem Menü können Sie auch einstellen, wie hell die Smartwatch ist.

Wenn Ihnen die Standard-Sounds auf Ihrer Smartwatch nicht gefallen, gehen Sie zu Töne & Haptik aus dem Menü Einstellungen. Verwenden Sie Ihren Digital Crown Knopf, um einzustellen, wie laut es wird. Sie können Klänge auch stumm schalten, indem Sie in den Stummmodus wechseln (Hinweis: Die Stummschaltung schaltet den Ton bei Alarmen nicht aus).

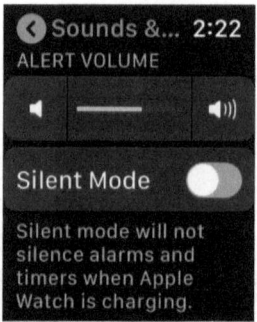

Wenn Sie nur noch ein wenig mehr nach unten gehen, ist eine lustige Option die Bildschirm tippen und sich die Zeit ansagen lassen für die Mickey Maus Anzeige (nur für diese Anzeige). Wenn diese Funktion aktiviert ist, sagt Ihnen Mickeys Stimme die Uhrzeit an, wenn Sie auf das Mickey Maus Display tippen. Ich werde später in diesem Buch darüber sprechen, wie man die Anzeigen ändert.

Für einige Benachrichtigungen bekommen Sie einen Anstupser auf Ihr Handgelenk, das Sie lieben oder hassen können. Wenn Sie es hassen, dann gehen Sie zurück zum vorherigen Menü. Als nächstes gehen Sie zum Abschnitt Haptik und Sie können es ein- und ausschalten - und es auch verstärken.

Aufladen der Apple Smartwatch

Das Aufladen Ihrer Smartwatch ist sehr einfach; es könnte zunächst etwas seltsam sein, denn das Ladegerät ist magnetisch und lässt sich nicht in die Smartwatch reinstecken - vielmehr rastet es hinten ein. Vergewissern Sie sich, dass Sie die mitgelieferte Ladehülle verwenden - mit anderen Geräten können Sie das Gerät überladen, wodurch der Akku schnell entladen wird.

Es dauert etwa zwei Stunden, bis die Smartwatch vollständig aufgeladen ist.

Wenn Sie wissen möchten, wie viel Zeit für eine vollständige Ladung benötigt wird, streichen Sie vom Zifferblatt, dass das Dock hervorruft, und streichen Sie dann zum Batterien Dock.

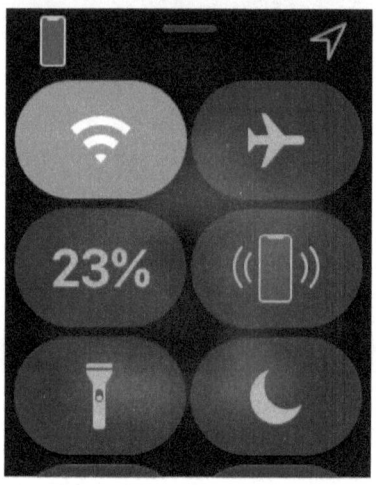

Wenn die Smartwatch weniger als 10% Energie hat, wechselt sie automatisch in einen Energiespar-Modus - in diesem Modus zeigt die Smartwatch die Zeit an, aber andere Apps sind nicht verfügbar. Sie können den Energiesparmodus auch manuell einschalten, indem Sie die Seitentaste drei Sekunden lang drücken, bis das Energie MenÜ erscheint und dann auf Energiesparen streichen.

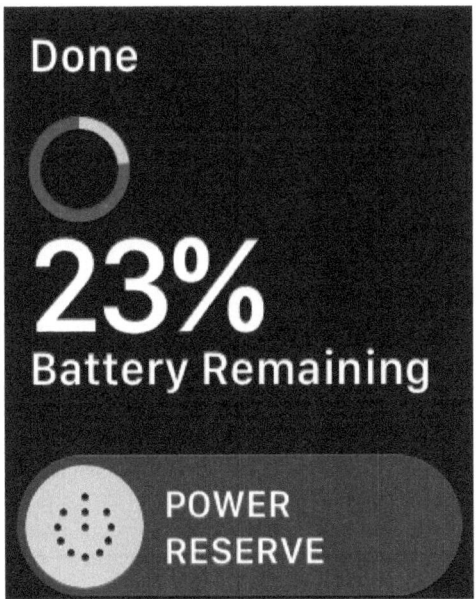

Sie können jederzeit sehen, wie viel Zeit Ihnen noch in Ihrer Batteriereserve bleibt, indem Sie vom Zifferblatt aufwärts streichen, um das Dock auzurufen und dann auf Energiesparen streichen. Sie können auch die Apple Watch App auf Ihrem iPhone verwenden, um zu sehen, wann Sie es zuletzt aufgeladen haben.

HINWEIS: Jedes Mal, wenn ich Dock in diesem Buch erwähne, bedeutet das nur, dass Ihr von euren Geräten nach oben streicht - es gibt viele Docks, die ich abdecken werde.

Einstellungen auf dem iPhone

Nun, da wir alle Einstellungen vorgenommen haben, hier ist ein Hinweis, der Sie wahrscheinlich ärgern wird, von dem ich Ihnen vorhin nichts erzählt habe: Sie können das alles auf Ihrem Handy machen!

Sie haben nicht immer Ihr Handy bei Ihnen, also sollten Sie wissen, wo sie sich sowohl auf der Smartwatch als auch auf dem Handy befinden. Die meisten Menschen werden es jedoch einfacher finden, Einstellungen auf einem größeren Gerät zu steuern.

Um die Einstellungen anzupassen, gehen Sie zu Ihrer Watch-App auf dem Telefon und scrollen Sie dann nach unten zu der gewünschten Einstellung. Alles, was Sie hier ändern, wird automatisch mit Ihrer Smartwatch synchronisiert. Es gibt nichts anderes zu tun!

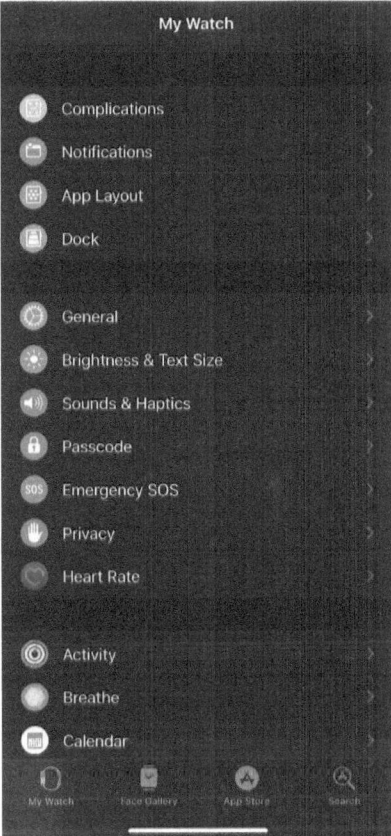

Statussymbole

Benachrichtigungen auf der Apple Watch gibt es in vielen Formen; eine Möglichkeit sind Status-Symbole; diese Symbole ermöglichen es Ihnen, schnell auf Ihr Handgelenk zu schauen und zu wissen, dass es eine neue E-Mail gibt oder Ihre Smartwatch aufgeladen werden muss. Einige sind weniger offensichtlich als andere. Die Statussymbole und ihre Bedeutung sind unten aufgeführt:

Sie haben eine ungelesene Benachrichtigung, wie z.B. eine E-Mail.

Die Apple Watch wird aufgeladen.

Ihr Akku ist schwach.

Die Apple Watch ist gesperrt und benötigt ein Passwort.

Ihre Smartwatch befindet sich im „Nicht stören"-Modus und gibt bis zur erneuten Aktivierung keine Geräusche von sich oder leuchtet auf; Alarme funktionieren jedoch weiterhin.

Die Apple Watch befindet sich im Flugzeugmodus und nur drahtlose Funktionen funktionieren - Bluetooth und Wi-Fi sind nicht eingeschaltet.

Ihre Smartwatch befindet sich im „Theater-Modus" und bleibt stumm und der Bildschirm bleibt dunkel, wenn Sie auf den Bildschirm tippen oder eine der Tasten drücken.

Ihre Smartwatch ist anstelle Ihres Telefons an ein Wi-Fi-Netzwerk angeschlossen.

Dies ist etwas, das Sie nur auf einer Apple Watch mit Mobilfunkverbindung sehen werden. Es zeigt an, dass Sie mit dem Mobiltelefon verbunden sind; die Balken zeigen an, wie stark die Verbindung ist. Vier ist die höchste.

Auch dies ist nur etwas, das Sie auf einer Apple Watch mit einer Mobilfunkverbindung sehen werden und es bedeutet, dass Sie Ihre Mobilfunkverbindung verloren haben.

Wenn Sie schwimmen oder etwas mit viel Wasser machen, bedeutet dies, dass die Wassersperrung eingeschaltet ist und die Smartwatch nicht auf Tippen reagieren wird.

Wenn Sie zu Ihren Docks gehen, sehen Sie dieses Symbol; es stellt Ihre Audioverbindung dar;

wenn Sie darauf tippen, können Sie den Ton von Ihrer Smartwatch auf ein anderes Gerät wechseln. Zum Beispiel, wenn Sie Musik hören und möchten, dass sie auf einem drahtlosen Headset abgespielt wird.

Der Standortdienst ist eingeschaltet. Was bedeutet das? Es bedeutet, dass es eine App (z.B. Maps) gibt, die Ihren Standort im Hintergrund verwendet.

Ihre Smartwatch ist nicht mehr mit Ihrem Handy gekoppelt.

Es gibt drahtlose Aktivitäten oder eine andere Art von aktiven Ereignissen - zum Beispiel das Laden von Anwendungen.

Wenn Sie die Workout-App verwenden, wird dieses Statussymbol angezeigt. Tippen Sie darauf, um zur App zurückzukehren.

Ich werde später auf die Walkie-Talkie-Funktion eingehen; im Moment verstehen Sie nur, dass dieses Symbol diese Funktion repräsentiert.

Dieses Symbol wird angezeigt, wenn die Audioausgabe läuft.

Gesten und Shortcuts

Bei so wenig Platz hat Apple wirklich etwas genutzt, das man Gesten nennt. Gesten ist im Wesentlichen Ihre Smartwatch, die verschiedene Dinge tut, je nachdem, wie Sie die Smartwatch berühren oder streichen. Wenn Sie ein iPhone oder einen Mac mit Force Touch haben, werden Sie damit etwas vertraut sein. Wenn nicht, keine Sorge - es ist leicht zu verstehen.

Dieser Abschnitt gibt Ihnen einen schnellen Überblick über die Gesten und Shortcuts, mit denen Sie das tun können, was Sie schnell tun müssen.

Die Großen Drei

Es gibt drei Aktionen, die Sie mehr als andere verwenden werden.

#1

Der einzige Shortcut, die Sie am häufigsten verwenden werden, ist die Digital Crown; wenn Sie sie drücken, gelangen Sie immer wieder zurück zum Startbildschirm. Es ist wie die quadratische Taste auf Ihrem iPhone (wenn Sie ein iPhone haben, das noch eine Startbildschirm-Taste hat).

#2

Wenn Sie von der Oberkante Ihres Zifferblatts nach unten streichen, erhalten Sie Benachrichtigungen. Wenn Sie einen Text oder eine E-Mail oder eine andere Warnung verpasst haben, dann streichen Sie nach unten und Sie können sehen, was es war. Sie wissen wahrscheinlich, dass diese Geste genau die gleiche ist wie Ihr iPhone--Apple, wann immer möglich - versucht, die Gesten gleich oder ähnlich zu halten.

Wenn Sie den Rest einer Benachrichtigung durchstreichen, erhalten Sie zwei weitere Optionen: leeren und weitere Optionen.

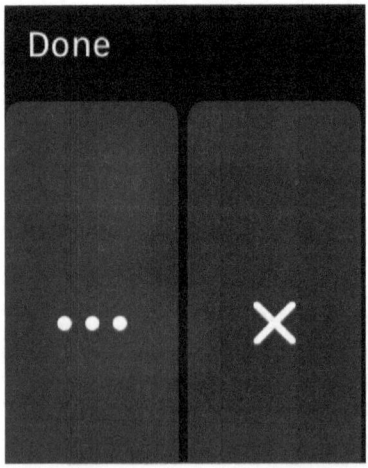

Leeren macht genau das, wonach es klingt - es löscht! Weitere Optionen ermöglichen es Ihnen, die Zustellung einer Benachrichtigung zu ändern.

Benachrichtigungen können sich sehr schnell überfüllen. Vielleicht sind Sie der Typ, der es liebt,

jeden einzelnen durchzugehen und einzeln zu löschen; ich finde es zeitaufwendig und würde es lie-
ber sofort löschen. Das ist einfach! Drücken Sie
einfach fest auf eine beliebige Benachrichtigung
(d.h. Sie berühren es und halten es gedrückt, bis
eine Meldung erscheint). Wenn die Meldung Alles
leeren erscheint, tippen Sie darauf. Dadurch wird
die Nachricht nicht gelöscht - nur die Benachrichtigung.

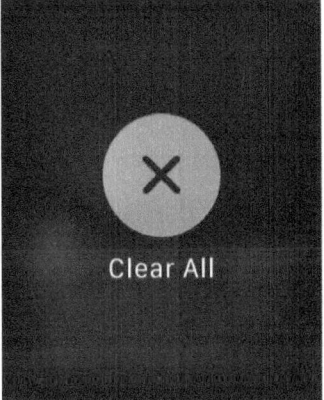

#3
Wischen Sie von der Unterkante Ihres Zifferblatts nach oben, um Docks zu sehen. Docks ist ein
wenig wie das Kontrollzentrum auf Ihrem iPhone -
bei älteren iPhones ist es die gleiche Geste, um
dorthin zu gelangen (nach oben streichen); neuere
iPhones greifen darauf zu, indem sie in der oberen
rechten Ecke nach unten swipen.
Docks sind nichts anderes als Shortcuts und
Umschaltungen. All die Status-Icons, die ich gerade

erwähnt habe? Viele von ihnen sind hier eingeschaltet.

Wenn Sie also z.B. den Schwimmmodus oder den Flugzeugmodus einschalten möchten, gehen Sie einfach ins Dock und drücken Sie die Taste. Drücken Sie es erneut, um es auszuschalten. Einige der Symbole (wie das Batterieprozentsymbol) eröffnen weitere Optionen.

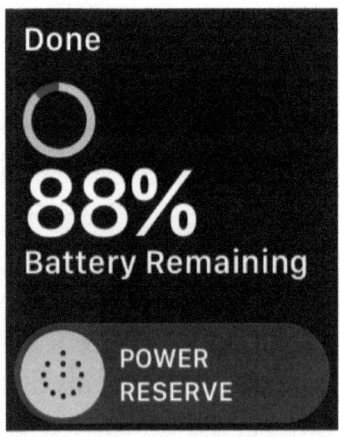

Ein Statussymbol, das bisher nicht abgedeckt war, war die Taschenlampe, die eine der Dockoptionen ist. Auf Ihrem iPhone ist die Taschenlampe ziemlich nützlich (und hell); auf der Smartwatch? Nicht so sehr. Auf der Smartwatch schaltet sich das Display ein, so dass Sie „etwas" Licht haben, aber es ist nicht die gleiche Helligkeit wie beim Telefonieren mit dem Blitz Ihrer Kamera. Durch das Streichen werden die verschiedenen Arten von Taschenlampen (weiß, blinkend weiß und rot) angezeigt. Um es auszuschalten, streichen Sie es nach unten.

Unten in den Docks gibt es einen Edit-Button. Wenn Sie darauf tippen, können Sie Symbole per Drag-and-Drop verschieben (Sie können sie nicht löschen); auf diese Weise können Sie die Symbole in der Reihenfolge derjenigen organisieren, die Sie am häufigsten verwenden.

Force Touch

Force Touch misst nicht nur, was Sie berühren, sondern auch, wie hart Sie es berühren. Wenn Sie auf Ihrem Bildschirm etwas fester auf den Bildschirm drücken, können Sie das Zifferblatt wechseln. In Apps wird Force Touch ein wenig wie ein Rechtsklick auf einen Computer verwendet - es zeigt Optionen an.

Zoomen

Sie können es gewohnt sein, auf Ihrem iPhone und iPad die Finger zu kneifen und zu zoomen; seien Sie darauf vorbereitet, enttäuscht zu sein... auf einem kleineren Bildschirm funktioniert diese Methode einfach nicht. An ihrer Stelle befindet sich die Digital Crown, mit der Sie durch Drehen des Drehknopfes ein- und auszoomen können. Sie können es verwenden, um Dinge wie Fotos und Karten zu vergrößern.

Ausschalten des Bildschirms

Es gibt keine physische Taste, um die Apple Watch auszuschalten. Um den Bildschirm auszuschalten, können Sie entweder die Hand nach unten legen oder die Smartwatch mit der Hand abdecken. Sie können Alarme auch stumm schalten, indem Sie Ihre Hand über den Bildschirm legen.

Siri starten

Es gibt zwei schnelle Möglichkeiten, Siri zu starten: eins, drücken und halten Sie die Digital Crown; zwei, heben Sie Ihr Handgelenk an und sprechen Sie - es werden keine Tasten benötigt. Früher musste man folgendes sagen: „Hey Siri"; das wird nicht mehr benötigt. Die Smartwatch kann erkennen, dass Sie Ihr Handgelenk heben, um zu sprechen und hört, was Sie sagen.

Ihr iPhone finden

Wenn Sie Ihr iPhone nicht finden können, können Sie es schnell mit Ihrer Smartwatch anpingen, um zu sehen, ob es in der Nähe ist. Gehen Sie zu Ihrem Bildschirm, streichen Sie nach oben, um Docks hervorzurufen und tippen Sie dann auf das Telefonsymbol.

Dadurch beginnt Ihr Handy zu piepen (Hinweis: Damit dies funktioniert, müssen Sie Mein iPhone finden in der iCloud aktivieren).

Flugzeug-Modus

Die meisten Fluggesellschaften lassen Sie Ihre Smartwatch eingeschaltet, während Sie fliegen, aber sie wollen sie im Flugzeugmodus (die Einstellungen ausschaltet, die das Flugzeug stören könnten).

Um die Smartwatch in den Flugzeugmodus zu versetzen, gehen Sie zu Ihrem Zifferblatt, streichen Sie von unten nach oben, um Docks hervorzurufen, und gehen Sie zum Einstellungen Dock und tippen

Sie dann auf die Taste, die wie ein Flugzeug aussieht. Wiederholen Sie den Schritt, um den Modus auszuschalten.

Wenn Sie möchten, dass die Smartwatch im Flugzeugmodus läuft, wenn Ihr Handy dies tut, gehen Sie dann zur Apple Watch App, tippen Sie auf Meine Smartwatch, dann auf Flugzeugmodus und schalten Sie iPhone spiegeln ein. Wiederholen Sie den Schritt, um ihn zu deaktivieren.

Seitentasten

Um zwischen den zuletzt verwendeten Apps zu wechseln, drücken Sie die Seitentaste auf der Smartwatch. Dadurch werden alle Apps wie ein Rolodex angezeigt.

Verwenden Sie die Digital Crown, um durch sie zu scrollen; tippen Sie einmal, um eine App zu öffnen; streichen Sie nach rechts, um die App zu beenden.

Letzte App
Müssen Sie schnell auf die zuletzt verwendete App zurückgreifen? Klicken Sie zweimal auf die Digital Crown.

Apple Pay
Um Apple Pay zu nutzen, tippen Sie doppelt auf die Seitentaste; sie wird mit Ihrer Kreditkarte angezeigt und Ihnen sagen, dass Sie sie in der Nähe des Lesegeräts platzieren sollen (Ihr Handy muss nicht in der Nähe sein); sobald es beim Lesegerät ist, geben Sie Ihren Passwort ein. Haben Sie Angst, dass jemand Ihr Handy nimmt und Ihre Kreditkarte benutzt? Es wird nicht funktionieren, wenn es von Ihrem Handgelenk genommen wird.

Wenn Sie einen Leser erreichen, der Apple Pay unterstützt, tippen Sie einfach doppelt auf die Seitentaste. Wenn Sie eine andere Kreditkarte verwenden möchten, streichen Sie nach links. Wenn Sie die gewünschte Karte gefunden haben, drehen Sie sie so, dass sie dem Leser zugewandt ist. Wenn die Transaktionen abgeschlossen sind, hören Sie einen Signalton und fühle ein Anstupsen—dies warnt Sie vor der Tatsache, dass die Transaktion abgeschlossen ist.

Bevor Sie Apple Pay nutzen können, müssen Sie es jedoch einrichten. Dies geschieht auf dem iPhone. Tippen Sie von Ihrem iPhone aus auf die

Apple Watch App, scrollen Sie dann zu „Kredit- oder Debitkarte hinzufügen" und tippen Sie dann darauf. Sie können entweder eine Karte verwenden, die in iTunes gespeichert ist, oder eine neue Karte hinzufügen. In beiden Fällen müssen Sie Ihre Sicherheitsnummer (oder die vollständige Nummer, wenn Sie eine neue Karte hinzufügen) angeben; je nach Karte müssen Sie dies möglicherweise mit einem anderen Schritt überprüfen, der in der Regel eine Textnachricht mit einem Code Ihrer Bank ist. Wenn Sie den Code erhalten haben, tippen Sie einfach auf Verifizieren und geben Sie es ein. Nun sind Sie bereit, die Smartwatch zu benutzen, um Dinge zu kaufen!

Handoff zwischen Apple Watch und iPhone

Mit Handoff können Sie zwischen Ihrer Smartwatch und Ihrem Handy umschalten, ohne Ihren Platz zu verlieren. Wenn Sie eine E-Mail auf Ihrer Smartwatch lesen und auf Ihrem Handy antworten möchten, dann gehen Sie zu Ihrem Handy; HandoFF erschien früher auf dem Sperrbildschirm Ihres Telefons - sie ist jetzt etwas weniger offensichtlich. Sie können nun über Ihren App-Switch-Bildschirm auf dem iPhone auf die Übergabe zugreifen (siehe unten).

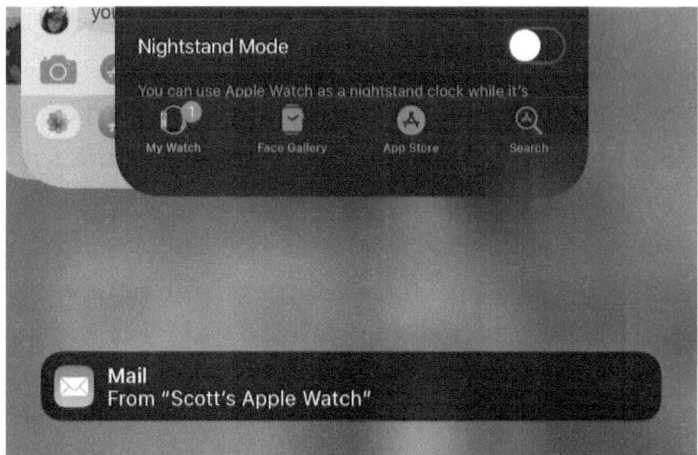

Auf einem Macbook ist Handoff im doc.

Sie können Handoff ein- und ausschalten, indem Sie die Apple Watch App auf Ihrem iPhone öffnen, zu Meine Watch gehen, dann auf Allgemein tippen und Handoff aktivieren.

Anordnen von Symbolen

Die Anordnung der Symbole auf der Smartwatch unterscheidet sich nicht wesentlich von der Anordnung auf Ihrem iPhone oder iPad. Zum Starten gehen Sie zu Ihrem Startbildschirm, berühren und halten Sie dann ein App-Symbol gedrückt; Sie können es nun an einen neuen Ort ziehen.

Um eine neue App zu installieren, öffnen Sie die Apple Watch App von Ihrem iPhone aus (Hinweis: Sie müssen Ihr iPhone zur Installation von Apps verwenden) und tippen Sie dann auf den App Store, um Apps für die Apple Watch zu finden. Sobald Sie sie von Ihrem Handy heruntergeladen haben, wird auf Ihrer Smartwatch eine Meldung angezeigt, in der Sie gefragt werden, ob Sie sie installieren möchten. Tippen Sie einfach auf Ja und schon sind Sie fertig. Wenn Sie im normalen App Store sind, sehen Sie ein kleines rundes Symbol und „Bietet Apple Watch App", wenn es sich um eine App mit einer Begleit-App für die Smartwatch handelt.

Die Smartwatch hat nicht so viel Platz wie Ihr Handy, so dass Ihnen der Platz ausgehen könnte. Um anzuzeigen, wie viel Speicherplatz von einer App verbraucht wird, gehen Sie zur Apple Watch App auf dem iPhone, tippen Sie dann auf Meine Smartwatch, dann auf Allgemein und Nutzung. Sehen Sie sich schließlich den Speicherplatz an, der von den einzelnen Anwendungen verwendet wird.

Wenn Sie eine App entfernen möchten, gehen Sie auf den Startbildschirm auf der Smartwatch, tippen und halten Sie dann auf die App, die Sie entfernen möchten; wenn ein X über der App erscheint, tippen Sie darauf. Es bleibt auf Ihrem iPhone installiert, es sei denn, Sie entfernen es ebenfalls von dort. Apps, die von Apple installiert wurden (z.B. die Schaltfläche Einstellungen), können nicht entfernt werden.

Wenn Ihnen der Bildschirm für die Neuanordnung von Symbolen etwas zu klein ist, können Sie dies auch direkt von Ihrem iPhone aus tun; öffnen Sie einfach die Apple Watch App, tippen Sie auf die Registerkarte Meine Smartwatch und dann auf Layout. Sie ordnest die Symbole genau so an, wie Sie es auf Ihrer Smartwatch tun würden.

SOS

SOS ermöglicht es Ihrer Smartwatch, die örtli-
chen Rettungsdienste anzurufen, um ihnen Ihren
Standort mitzuteilen; dies ist offensichtlich etwas,
das Sie nur im Notfall verwenden - es ist nichts,
was Sie ausprobieren sollten, nur um zu sehen, wie
es funktioniert! Um dies zu aktivieren, halten Sie
die Seitentaste 3 Sekunden lang gedrückt und
streichen Sie dann SOS.

Breathe

Breathe ist eine neue App auf dem Startbildschirm von WatchOS 3. Es ist eine kostenlose Entspannungs-App, die Ihren Körper nach einem Training oder einem stressigen Arbeitstag beruhigen soll.

[6]

LASST UNS BLÄTTER MACHEN...APPLE WATCH ZIFFERBLÄTTER UM GENAU ZU SEIN!

Dieses Kapitel wird folgendes abdecken:
- Was ist ein Apple Watch Zifferblatt?
- So ändern Sie das Zifferblatt der Apple Watch
- Wie man verschiedene Apple Watch Zifferblätter anpasst

Die Apple Watch hat Dutzende von verschiedenen Zifferblättern zur Auswahl - von traditionell über modern bis hin zu einer süßen Mickey Maus (und natürlich Minnie Maus). Um das Zifferblatt der Smartwatch zu wechseln, legen Sie Ihren Finger drei Sekunden lang fest auf das aktuelle Zifferblatt.

Das Zifferblatt wird vorwärts gezoomt und Sie können über den Bildschirm Ihrer Smartwatch hin und her streichen, um verschiedene Zifferblätter zu sehen. Einige Smartwatches können Sie anpassen; wenn das möglich ist, sehen Sie eine Schaltfläche mit der Aufschrift Anpassen.

Wenn Sie das gewünschte Zifferblatt finden, tippen Sie darauf. Vor dem Tippen können Sie es jedoch auch anpassen, indem Sie auf die Schaltfläche Anpassen tippen.

Sie werden Punkte oben auf dem Bildschirm sehen, die anzeigen, wie viel Sie ändern können. Scrollen Sie auf dem ersten Bildschirm mit dem Drehknopf, um zu sehen, welche Änderungen vorgenommen wurden (es könnte z.B. die Anzahl der Zahlen auf der Smartwatch ändern). Wenn Sie fertig sind, streichen Sie über den Bildschirm, um zum nächsten anpassbaren Bildschirm zu gelangen: Farben. Mit dem Drehknopf können Sie durch alle Farben blättern. Wenn Sie erneut steichen, befinden Sie sich auf einem Bildschirm, auf dem Sie das aktuelle Wetter, den Kalender usw. hinzufügen können. Sie werden auf den Bildschirm tippem, um eine dieser Funktionen zu ändern, aber zuerst müssen Sie Aus auf Ein streichen.

Nachdem Sie das Zifferblatt an Ihre Bedürfnisse angepasst haben, drücken Sie den Knopf. Dadurch kehren Sie zum Hauptbildschirm zurück. Von hier aus tippen Sie auf das Zifferblatt. Ihr neues Zifferblatt sollte nun mit all seinen Anpassungen erscheinen. Wenn Sie Optionen für Kalender und Wetter hinzugefügt haben, können Sie nun auf diese Optionen tippen, um detailliertere Ansichten zu erhalten. Um die detailliertere Ansicht zu erhalten, tippen Sie mit dem Finger auf das Symbol auf dem Bildschirm (z.B. um das Wetter zu sehen, z.B. auf das Wettersymbol).

Und denkwn Sie daran, wann immer Sie die Zeit irgendwo anders auf der Welt wissen wollen, heben Sie einfach Ihr Handgelenk an und sagen Sie: „Wie spät ist es in…"?

Zifferblätter und was sie tun

Jedes Zifferblat hat verschiedene Details, die hinzugefügt oder entfernt werden können. Nachfolgend finden Sie eine Liste der aktuellen Zifferblätter und was Sie dazu hinzufügen können.

Zifferblätter mit Statussymbolen können angetippt werden, um die zugehörige App zu laden.

Sie werden feststellen, dass viele der untenstehenden Zifferblätter nicht erscheinen, wenn Sie fest drücken, um das Zifferblatt zu wechseln. Das liegt daran, dass nur die am häufigsten vorkommen. Wenn Sie den ganzen Weg nach oben streichen, erscheint Neu; tippen Sie darauf, und verwenden Sie dann die Digital Crown, um durch alle anderen Zifferblätter zu scrollen.

Activity Digital

Dies ist das Zifferblatt, das beim Training zu verwenden ist. Es misst Ihren Fortschritt, hat aber eine Überlagerung von einer Smartwatch, um Ihnen auch die Zeit zu geben.

Breathe

Lassen Sie den Yogi in Ihnen los; dieses verein-
fachte Zifferblatt hat ein Ziel: Sie zum Atmen anzu-
regen.

Mickey Maus

Mit Mickey Maus (jetzt mit Minnie Maus) ist dies
sicherlich das skurrilste und animierteste Smart-
watch-Erlebnis. Tippen Sie auf ihn und er wird die
Zeit ansagen - wenn der Ton an ist. Das Zifferblatt
kann wie folgt ergänzt werden: Datum, Kalender,

Mondphase, Sonnenaufgang / Sonnenuntergang, Wetter, Aktivitätsübersicht, Alarm, Timer, Stoppuhr, Batterieladung, Weltuhr, Aktien.

Toy story

Nicht zu übertreffen von der Mickey App, ist die Toy Story App. Tippen Sie auf den Bildschirm, um eine andere skurrile Animation zu erhalten.

Modular

Ein sehr modern aussehendes Zifferblatt mit viel Platz zum Hinzufügen von Dingen. Folgende Einstellungen können vorgenommen werden: Farbe. Folgende Funktionen können hinzugefügt werden: Kalender, Mondphase, Sonnenaufgang / Sonnenuntergang, Wetter, Bestände, Aktivitätsübersicht, Alarm, Timer, Stoppuhr, Batterieladung, Weltuhr.

Motion

Dies ist eines der wenigen Apple Watch Faces, das vollständig animiert ist. Sie können zwischen

Schmetterling, Blume und Quallen wählen. Dem Zifferblatt kann folgendes hinzugefügt werden: Datum.

Simple

Wie der Name schon sagt, ist dies das einfachste klassische Zifferblatt. Auf dem Zifferblatt können folgende Einstellungen vorgenommen werden: Farbe des Suchzeigers und die Nummerierung des Zifferblatts. Folgendes kann hinzugefügt werden: Datum, Kalender, Mondphase, Sonnenaufgang / Sonnenuntergang, Wetter, Aktivitätsübersicht, Alarm, Timer, Stoppuhr, Batterieladung und Weltuhr.

Solar

Holen Sie Ihren Innenwissenschaftler mit dieser App hervor, die den Sonnenstand am Himmel anzeigt.

Utility

Ein sehr einfaches und klassisch aussehendes Zifferblatt; die folgenden Funktionen können geändert werden: die Farbe des Sekundenzeigers und die Nummerierung auf dem Zifferblatt. Das Zifferblatt kann wie folgt ergänzt werden: Datum, Kalender, Mondphase, Sonnenaufgang / Sonnenuntergang, Wetter, Aktivitätsübersicht, Alarm, Timer, Stoppuhr, Batterieladung, Weltuhr, Lager.

X-Large

X-Large ist das einfachste moderne Zifferblatt - es ist auch das kühnste Folgende Einstellungen können vorgenommen werden: Farbe.

Chronograph

Misst die genaue Zeit in Schritten.

Explorer

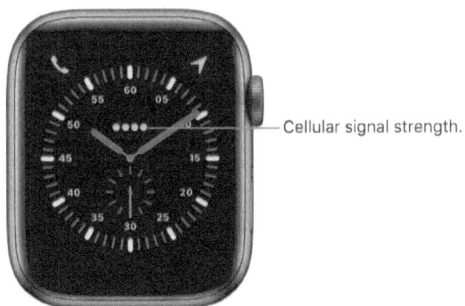

Cellular signal strength.

Dieses Zifferblatt ist eine Mobilfunk Exklusivität. Das Ziel des Zifferblatts ist es, Ihnen die Signal-stärke des Mobilfunks zu zeigen.

Fire and Water

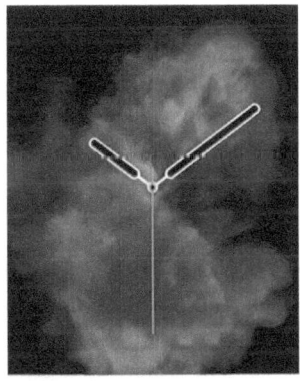

Animiert mit Rauch, wann immer Sie es berüh-ren.

Infograph

Dies ist ein exklusives Zifferblatt der Apple Watch Series 4; es bietet Ihnen eine Fülle von Informationen am Handgelenk - Zeit in einer anderen Stadt, UVI-Index, Wetter, etc.

Kaleidoscope

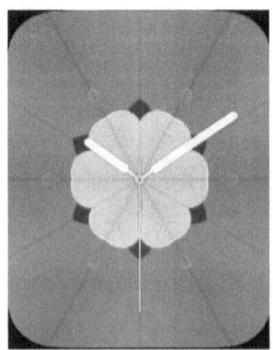

Das Zifferblatt ändert die Muster entsprechend Ihrer Präferenz.

Liquid Medal

Animiert mit einer Schmelzmedaille, wenn Sie Ihr Handgelenk anheben.

Pride

Zeigt die Farben von Pride.

Astronomy

Dieses Zifferblatt zeigt Ihnen die genaue Position für verschiedene Planeten und zeigt Tag, Datum und Uhrzeit an.

Chronograph

Ein sehr präzises und klassisches Zifferblatt, das eine Stoppuhr beinhaltet, die über das Zifferblatt aktiviert werden kann. Folgende Einstellungen können vorgenommen werden: Zifferblattdetails und Zifferblattsfarbe. Sie können dem Zifferblatt auch folgendes hinzufügen: Datum, Mondphase, Sonnenaufgang / Sonnenuntergang, Kalender, Wetter, Aktien, Aktivitätsübersicht, Alarm, Timer, Batterieladung, Weltuhr.

Color

Ein sehr einfaches Zifferblatt, dessen Hauptmerkmal die Veränderung der Farben ist. Die folgenden Einstellungen können vorgenommen
werden: Zifferblattfarbe. Das Zifferblatt kann wie
folgt ergänzt werden: Datum, Mondphase, Sonnenaufgang / Sonnenuntergang, Wetter, Aktivitätsübersicht, Stoppuhr, Timer, Batterieladung,
Weltuhr, Ihr Monogramm.

Photos

Das beste Zifferblatt für den Schluss in den Meinungen vieler Menschen: Photos. Mit Photos können Sie eine Diashow mit Fotos und der Uhrzeit anzeigen. Jedes Mal, wenn Sie Ihr Handgelenk heben, wartet also etwas Neues auf Sie. Live-Fotos haben sogar Animationen!

Um dieses Zifferblatt hinzuzufügen, streichen Sie bis zur linken Seite aller Zifferblätter, und tippen Sie dann auf Neu.

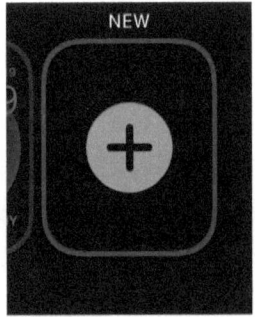

Scrollen Sie nun nach unten zu Photo und tippen Sie einmal auf.

Wenn Sie nur ein bestimmtes Foto anzeigen möchten, dann öffnen Sie die Foto-App auf Ihrer Smartwatch.

Scrollen Sie zu dem gewünschten Foto. In der unteren Ecke des untenstehenden Fotos sehen Sie ein Symbol in der unteren rechten Ecke, einen Kreis mit Punkten, der anzeigt, dass es sich bei dem Foto um ein Live-Foto handelt und als Apple Watch Zifferblatt animiert wird.

Sobald es auf dem Bildschirm erscheint, drücken Sie fest auf. Dies wird eine Option hervorheben, um es zum Zifferblatt zu machen.

Sie können es zu einem normalen Zifferblatt oder zu einer Zusammenfassung (Kaleidoskop) machen.

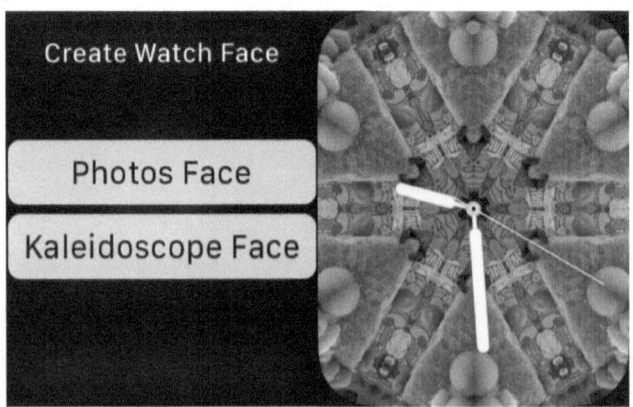

Wenn Sie ein Zifferblatt entfernen möchten, wechseln Sie einfach das Zifferblatt wie gewohnt und streichen Sie es nach oben.

[7]

ZEIGE MIR, WOZU DIESE SMARTWATCH FÄHIG IST... ABER HALTE ES LÄCHERLICH EINFACH.

Dieses Kapitel wird folgendes abdecken:
- Senden / Empfangen von Nachrichten
- Lesen / Versenden von E-Mails
- Siri verwenden
- Telefonieren
- Hinzufügen von Kalenderereignissen
- Erinnerungen einstellen
- Verwendung der Karte
- Fotos verwenden
- Musik hören
- Das Wetter nachschlagen
- Einstellen von Alarmen und Timern
- Verwendung der Apple Watch mit dem Apple TV

- Verwendung der Apple Watch als Walkie-Talkie

Nachrichten

Die erste Sache, die Sie über Nachrichten wissen sollten, ist, dass dies nicht der richtige Ort ist, um eine epische Liebesnotiz zu schreiben. Es ist der Ort, an dem Sie schnelle Antworten senden. Technisch gesehen könnte man etwas etwas Größeres machen, aber der damit verbundene Zeit- und Arbeitsaufwand macht es ziemlich fruchtlos.

Um eine neue Nachricht zu beginnen, gehen Sie zum Startbildschirm Ihrer Smartwatch, indem Sie den Drehknopf drücken, auf das Nachrichtensymbol tippen und Ihren Finger fest auf dem Bildschirm drücken und halten. Nach drei Sekunden wird gefragt, ob Sie eine neue Nachricht beginnen möchten.

Tippen Sie von hier aus auf „Einen Kontakt hinzufügen". Sobald Sie Ihren Kontakt ausgewählt haben, tippen Sie auf „Nachricht erstellen".

Es gibt einige Möglichkeiten, wie Sie eine Nachricht erstellen können. Der erste ist, es zu diktieren. Wenn Sie es diktieren, hört es Ihnen zu und es transkribiert es - nicht immer genau (besonders wenn es laut ist).

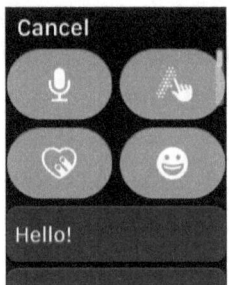

Der zweite Weg ist, es zu kritzeln. Wenn Sie es kritzeln, schreiben Sie die Buchstaben nacheinander. Wenn Sie einen Buchstaben ändern müssen, können Sie ihn löschen oder auf ihn tippen und durch weitere Optionen blättern.

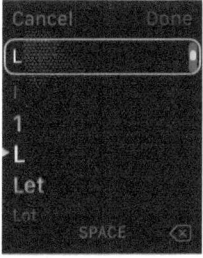

Als nächstes folgt die Antwort mit Tippen. Dies ist gut, wenn Sie versuchen, die Aufmerksamkeit von jemand anderem zu erregen, der auch eine Apple Watch trägt. Sie spüren, was auch immer Sie ihnen an Anstups-Vibrationen Sie Ihnen schicken.

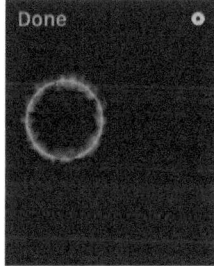

Schließlich können Sie mit einem Emoji antworten.

Unter den vier Antwortmöglichkeiten befinden sich gängige Sätze, mit denen man antworten kann. Tippen Sie auf eine von ihnen und es wird zur Nachricht hinzugefügt.

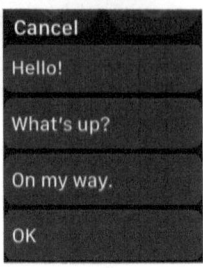

Wenn Sie eine Nachricht erhalten, wird die Apple Watch Sie anstupsen. Bewegen Sie Ihre Hand zu sich und die Nachricht wird automatisch erscheinen; sobald Sie Ihre Hand niederlegen, schaltet sie sich wieder aus. Verwenden Sie den seitlichen Knopf der Smartwatch, um durch die Nachricht zu blättern. Sie werden die gleichen Methoden haben, um zu antworten, wie Sie es getan haben, als ich gezeigt habe, wie man eine Nachricht schreibt (oben).

Der größte Unterschied ist, dass Apple Pay jetzt eine Option ist. Mit Apple Pay können Sie Geld an jemanden senden. Wenn Sie also mit einem Freund zum Mittagessen unterwegs sind, können Sie Ihren Anteil an der Rechnung direkt von der Smartwatch aus bezahlen.

Wenn keine Antwort erforderlich ist, klicken Sie anstelle der Schaltfläche Antwort auf die Schaltfläche Verwerfen.

Wenn Sie keine Nachrichten auf Ihrer Smartwatch erhalten, dann ist wahrscheinlich eine Einstellung nicht aktiviert; Sie können die Nachrichteneinstellung über die Apple Watch App auf Ihrem iPhone ändern.

Lesen und Versenden von E-Mails

Wenn Sie E-Mails erhalten, erhalten Sie auch eine Benachrichtigung; es gibt aber auch eine App zum Lesen und Verwalten Ihrer E-Mails. Wie auf dem iPhone wird die E-Mail-App einfach „Mail" genannt.

Um zu starten, gehen Sie zur App auf Ihrem Startbildschirm und tippen Sie darauf. Es sieht ziemlich simpel aus, aber es steckt viel dahinter. Sie können aus der App heraus durch Ihre Nachrichten blättern. Um eine Nachricht zu lesen, tippen Sie darauf.

Sie können die Nachricht auf Ihrem iPhone jederzeit weiterlesen, indem Sie das Mail-Symbol in der linken unteren Ecke des Sperrbildschirms Ihres iPhones durchstreichen (Hinweis: Die Übergabe muss eingerichtet werden, also lesen Sie, wie Sie die Übergabe in diesem Buch einrichten, wenn Sie es noch nicht getan haben).

Apple Watch unterstützt zwar HTML-Formate (einschließlich verschiedener Schriften und Schriftfarben), aber es könnte immer noch ein wenig seltsam aussehen, so dass für eine komplexe Nachricht das iPhone der beste Ort ist, um sie zu lesen.

Wenn es sich um eine lange Nachricht handelt, können Sie mit dem Digital Crown-Regler durch sie blättern.

Wenn eine Nachricht Telefonnummern oder Adressen enthält, erkennt die Smartwatch diese automatisch und verwandelt sie in einen Hyperlink. Wenn Sie darauf tippen, wird entweder die Phone oder Map App angezeigt (je nachdem, was der Hyperlink ist).

Um auf eine Nachricht zu antworten, müssen Sie das iPhone verwenden, um sie zu verfassen.

Verwalten von E-Mails

Markieren einer E-Mail

Wenn Sie eine E-Mail auf der Smartwatch lesen, können Sie fest auf das Display drücken und dann auf Markieren tippen. Sie können eine Nachricht auch aus Ihrer Nachrichtenliste markieren, indem Sie die Nachricht nach links durchziehen und dann auf Mehr tippen.

Als ungelesen markieren

Wenn Sie eine Nachricht als ungelesen markieren möchten, gehen Sie zu Ihrer Nachrichtenliste, streichen Sie nach links, tippen Sie auf Mehr und dann auf Ungelesen.

Eine E-Mail löschen

Wenn Sie eine Nachricht löschen möchten, gehen Sie zu Ihrer Nachrichtenliste, streichen Sie nach links, tippen Sie auf Mehr und dann auf Papierkorb. (Hinweis: Wenn Ihre E-Mail so eingerichtet ist, dass sie eine Nachricht archiviert, wird anstelle der Schaltfläche Papierkorb die Schaltfläche Archivieren angezeigt.)

Auswählen der angezeigten Posteingänge

Möglicherweise möchten Sie nicht, dass alle Ihre E-Mails auf Ihrem Handy erscheinen. Angenommen, Sie haben eine Arbeits-E-Mail, Familien-E-Mail und Spam-E-Mail und Sie möchten nur, dass Ihre Familien-E-Mail angezeigt wird. Wenn dies der Fall ist, gehen Sie zur Apple Watch App auf Ihrem iPhone, tippen Sie auf Meine Smartwatch und dann auf Mail und E-Mail hinzufügen. Geben Sie an, welches Postfach Sie angezeigt bekommen möchten oder nicht.

Alarme anpassen

Wenn Sie ändern möchten, wie Sie benachrichtigt werden, wenn Sie E-Mails erhalten (oder wenn Sie überhaupt keine Benachrichtigungen wünschen), gehen Sie dann zur Apple Watch App auf Ihrem iPhone und tippen Sie auf Meine Smartwatch, schalten Sie dann E-Mail-Alerts ein und Alarme anzeigen. Sound wäre ein Alarm, der Geräusche macht, und Haptik ist ein Alarm, der vibriert.

Nachrichtenliste

Wenn Sie feststellen, dass Ihre E-Mail-Nachrichtenliste einfach zu lang ist, können Sie die Anzahl der Zeilen der Vorschau reduzieren, indem Sie zur Apple Watch App gehen, auf Meine Smartwatch tippen und dann zu Mail und Nachrichtenvorschau gehen; wählen Sie 2 Zeilen Nachricht, 1 Zeile Nachricht oder keine Zeilen einer Nachricht.

Siri

Wenn Sie Siri auf dem iPhone lieben, werden Sie sie noch mehr an Ihrem Handgelenk lieben. Lieben Sie sie nicht? Geben Sie ihr eine zweite Chance, weil sie ein kleines Upgrade bekommen hat.

Sie können auf Siri auf zwei Arten zugreifen (Sie werden schnell feststellen, dass es mehrere Möglichkeiten gibt, die meisten Aufgaben auf der Smartwatch zu erledigen):

1. Drücken Sie den Digital Crown Knopf.
2. Heben Sie Ihr Handgelenk und sprechen Sie (verabschieden Sie sich von „Hey Siri") und sagen Sie dann Ihre Anfrage (z.B. „Wie ist das Wetter in Paris?"). „Wer hat gestern Abend das Yankee-Spiel gewonnen?"); Sie können Siri benutzen, um Apps zu öffnen, Wecker zu stellen, Freunde anzurufen - alles, was Ihnen einfällt. Da es keine integrierte Tastatur gibt, ist Siri wichtiger denn je.

Telefonieren

Während Sie vielleicht nicht rausgehen undeine Apple Watch kaufen, um Anrufe von Ihrem Handgelenk aus zu machen, ist sicherlich eine nette Erfahrung... und es ist ziemlich einfach zu tun.

Sobald Ihre Smartwatch mit Ihrem iPhone synchronisiert ist, sind Sie bereit, Anrufe zu tätigen und entgegenzunehmen. Wenn ein Anruf eingeht, können Sie es stumm schalten, indem Sie Ihre Hand über die Smartwatch legen. Wenn Sie es an Ihr Telefon senden oder mit einem Text antworten möchten, bewegen Sie Ihren Finger über die Digital Crown und scrollen Sie nach unten. Um den Anruf anzunehmen, verwenden Sie die grüne Taste; um den Anruf abzulehnen, drücken Sie die rote Taste. Es ist wie ein Anruf auf Ihrem iPhone. Ihre Smartwatch verwendet ein eingebautes Mikrofon, wenn Sie hineinsprechen. Es ist nicht die beste Qualität, aber es erledigt die Arbeit.

Um einen Anruf zu tätigen, haben Sie drei Möglichkeiten:

Gehen Sie zu Ihrem Startbildschirm und tippen Sie auf das Telefonsymbol.

Die andere Option ist die einfachste; diese Option ist die Verwendung von Siri. Heben Sie einfach Ihr Handgelenk und sagen Sie: „Rufe NAME DER PERSON an." Wenn die falsche Person gewählt wird, drücken Sie einfach die Taste Auflegen und wenn Sie es schnell genug tun, wird der Anruf nicht durchgeführt.

Kalender

Das Kalender-App-Kalendersymbol auf Apple Watch zeigt Ereignisse an, zu denen Sie heute und in der nächsten Woche geplant oder eingeladen wurden. Apple Watch zeigt Ereignisse für alle Kalender, die Sie auf Ihrem iPhone verwenden.

Um Ihren Kalender anzuzeigen, öffnen Sie die Kalender-App auf Ihrem Startbildschirm; Sie können auch von Ihrem Zifferblatt aus nach oben streichen, um Docks aufzurufen, und streichen Sie, bis Sie zum Kalenderdock gelangen. Sie können auch auf das Tagesdatum auf dem Zifferblatt tippen, wenn Sie diese Option hinzugefügt haben.

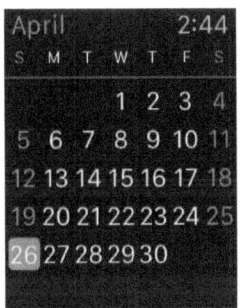

Sie können auch sehen, was in Ihrem Tag vor sich geht, indem Sie Ihr Handgelenk heben und sagen: „Siri, sag mir, was heute los ist.

Um zwischen den täglichen Ereignissen und der einzelnen Liste der Ereignisse zu wechseln, drücken Sie fest auf dem Display, während Sie sich in der Kalender-App befinden und tippen Sie dann auf Liste oder Tag.

Um einen anderen Tag anzuzeigen, gehen Sie einfach in der Kalender-App zur Tagesansicht und streichen Sie dann nach links, um die Ereignisse des nächsten Tages zu sehen.

Wenn Sie den ganzen Monat sehen möchten, tippen Sie dann auf < in der linken oberen Ecke der Kalender-App und dann auf den Monatskalender; wiederholen Sie den Schritt, um zur Tagesansicht zurückzukehren. Wenn Sie sich in der Monatsansicht befinden, werden alle Tage, an denen Sie eine Aktivität haben, rot markiert.

Hinzufügen von Ereignissen

Um eine Veranstaltung hinzuzufügen, müssen Sie die Kalender-App auf Ihrem iPhone öffnen. Wenn Sie sich während Ihrer Smartwatch in der Kalender-App befinden, erscheint ein Kalendersymbol auf dem Sperrbildschirm Ihres iPhones - einfach nach oben streichen und es wird sofort zu Ihrem Kalender weitergeleitet.

Sie können Siri bitten, ein Event für Sie hinzuzufügen.

Reaktion auf Event-Einladungen

Wenn Sie eine Einladung zu einem Event erhalten, erscheint sie als Benachrichtigung; ziehen Sie sie einfach durch oder drehen Sie den Digital Crown-Regler, wenn Sie sie sehen, und tippen Sie dann auf Annehmen, Vielleicht oder Ablehnen.

Die Einladung hat auch den Organisator des Events; um die Veranstaltung per E-Mail zu organisieren, drücken Sie fest auf das Display, während

Sie sich die Veranstaltungsdetails ansehen; Sie können ihnen entweder eine Sprachnachricht senden oder sie anrufen.

Um eine der Einstellungen Ihres Kalenders anzupassen, gehen Sie zur Apple Watch App auf dem iPhone, tippen Sie dann auf Meine Smartwatch und schließlich auf Kalender.

Erinnerungen

Wenn Sie Erinnerungen auf dem iPhone verwenden, dann könnten Sie enttäuscht sein zu sehen, dass es keine Erinnerungs-App auf der Apple Watch gibt.

Erinnerungen sind jedoch irgendwie vorhanden; obwohl es keine App gibt, erinnert sie Sie, wenn Sie eine Erinnerung auf Ihrem iPhone über die Erinnerungs-App erstellen, auch auf ihrer Smartwatch.

Sie können auch eine Erinnerung an Ihre Smartwatch erstellen, indem Sie Siri verwenden; heben Sie einfach Ihr Handgelenk an und sagen Sie „Hey Siri, mach eine Erinnerung".

Map

Es gibt mehrere Möglichkeiten, die Karte auf Ihrer Apple Watch zu verwenden; die erste und schnellste ist, von Ihrem Zifferblatt nach oben zu streichen, um Blicke zu erzeugen, und dann zum Map Dock zu streichen. Von hier aus sehen Sie Ihren aktuellen Standort und Ihre Umgebung; mit dem Digital Touch Drehknopf können Sie ein- und auszoomen. Um durch die Karte zu scrollen/schwenken, verwenden Sie Ihren Finger. Wenn Sie auf den Pfeil in der linken unteren Ecke tippen, wird die aktuelle Position aktualisiert.

Um die Karte zu durchsuchen, tippen und halten Sie Ihren Finger über die Karte; so können Sie sprechen, was Sie finden möchten, oder Ihre letzten Standorte sehen.

Sie können auf jede Position tippen, die auf Ihrer Karte angezeigt wird, um eine Wegbeschreibung oder weitere Informationen zu erhalten. Sie können auch einen Pin in den Bereich stecken, zu dem Sie gehen möchten. Um einen Pin hinzuzufügen, berühren und halten Sie einfach die Karte (nicht fest) und warten Sie, bis der Pin fällt. Wenn Sie auf den Pin tippen, nachdem er fallen gelassen wurde, gibt er Ihnen die Adresse. Um den Pin zu verschieben, gehen Sie einfach zu einer Position und lassen Sie einen neuen Pin fallen. Wenn Sie nicht sicher sind, was die Adresse eines anderen ist, wenn Sie einen Pin in der Nähe seiner Adresse fallen lassen, können Sie eine ungefähre Adresse erhalten.

Anfahrtsbeschreibung

Die Abbiegehinweise der Apple Watch sind eine der größeren Funktionen und die Bedienung ist denkbar einfach.

Wenn Sie einen Text mit einer Adresse erhalten, wird die Adresse automatisch in einen Hyperlink umgewandelt; klicken Sie darauf und eine Karte wird sofort geöffnet. Sie können die Karte vergrößern und verkleinern, indem Sie den Knopf Digital Crown drehen.

Wenn Sie keine Nachricht mit der Adresse haben, gehen Sie zum Startbildschirm Ihrer Smartwatch, tippen Sie auf das Symbol Karten; die Karte wird mit Ihrem aktuellen Standort angezeigt. Um eine Adresse zu finden, tippen Sie mit dem Finger fest auf den Bildschirm. Sie haben die Möglichkeit, entweder nach der Adresse zu suchen oder eine der Adressen Ihrer Kontakte zu verwenden. Wenn Sie nach einer Adresse suchen, haben Sie die Möglichkeit, eine kürzlich verwendete Adresse zu verwenden oder die Adresse durch Diktat zu sprechen.

Wenn die Adresse erscheint, gibt es zwei Möglichkeiten: eine Anfahrtsbeschreibung und eine Wegbeschreibung. Das Gehen wird nicht nur die Zeit verändern, die es braucht, sondern auch die Wege anzeigen, die ein Auto nicht fahren kann. Sobald Sie Ihre Auswahl durch Antippen getroffen haben, klicken Sie einfach auf die Schaltfläche Start.

Eine der coolen Funktionen der Karte ist die Richtungsänderung. Wenn es an der Zeit ist, eine Wendung zu machen, wird Ihre Smartwatch Sie anstupsen, um Ihre Aufmerksamkeit zu erregen. Noch cooler ist es, wenn Sie die Wegbeschreibung auf

Ihrem Handy starten, sie wird auch auf Ihrer Smartwatch angezeigt.

Photos

Um Fotos auf der Apple Watch anzuzeigen, gehen Sie zur Foto-App auf Ihrem Uhrenstartbildschirm; da die Smartwatch keine Fotos aufnehmen kann, werden die Fotos, die Sie sehen, diejenigen aus Ihrem iPhone-Album sein. Standardmäßig ist die Smartwatch so eingestellt, dass sie nur Ihr Favoritenalbum anzeigt, aber Sie können dies ändern.

Sobald die App geöffnet ist, tippen Sie einfach auf das Foto, das Sie sich ansehen möchten, und verwenden Sie den Digital Crown Drehknopf, um hinein- oder herauszuzoomen und bewegen Sie ihn mit dem Finger. Zoomen Sie ganz heraus, um alle Ihre Fotos zu sehen.

Wählen Sie ein Album

Wenn Sie ein anderes Album auswählen möchten, das auf Ihrer Smartwatch angezeigt werden soll, öffnen Sie die Apple Watch App auf dem iPhone und tippen Sie auf My Watch, gehen Sie dann zu Photos and Synced Album; wählen Sie das Album aus, das Sie synchronisieren möchten; Sie können auch ein neues Album mit Fotos von Ihrem Handy erstellen.

Speicher

Die Smartwatch hat nicht so viel Platz wie Ihr Handy, daher ist es wichtig, die Speicherkapazität zu begrenzen; um die Fotospeicherung zu begrenzen, öffnen Sie die Apple Watch App auf dem iPhone, tippen Sie auf Meine Smartwatch, dann gehen Sie zu Fotos und Fotolimits.

Sie können sehen, wie viele Fotos sich derzeit auf Ihrer Apple Watch befinden, indem Sie die App Einstellungen im Hauptbildschirm der Smartwatch öffnen, auf Allgemein und dann auf Info tippen. Sie können dies auch auf Ihrem Handy sehen, indem Sie die Apple Watch App öffnen und dann auf Meine Smartwatch, Allgemein und Info tippen.

Kamerasucher

Obwohl die Smartwatch keine eingebaute Kamera hat, verfügt sie über eine ziemlich großartige Funktion, mit der Sie die Smartwatch als externen Kamerasucher und Shuter für Ihre iPhone Kamera verwenden können.

Damit dies funktioniert, müssen Sie sicherstellen, dass die Smartwatch nicht mehr als 9 meter von Ihrem iPhone entfernt ist.

Um ein Foto aufzunehmen, öffnen Sie die Kamera-App auf dem Startbildschirm Ihrer Smartwatch und positionieren Sie das iPhone so, dass die Aufnahme mit der Apple Watch als Sucher aufgenommen wird. Wenn Sie die Belichtung ändern

möchten, tippen Sie einfach in der Vorschau Ihrer
Apple Watch auf den Bereich, auf den Sie fokussie-
ren möchten; tippen Sie auf den Auslöser Ihrer
Smartwatch. Sie können das Foto auf Ihrer Smartwatch in der Vorschau ansehen, aber das Foto wird
tatsächlich auf dem iPhone gespeichert.

   Neben dem Auslöser befindet sich eine Timer-
Taste; wenn Sie eine zeitgesteuerte Aufnahme machen möchten, tippen Sie darauf; der Timer macht
Burst-Aufnahmen, was sich hervorragend für Ac-
tion-/Sportfotos eignet.

Musik
   Die Musik-App befindet sich natürlich auf Ihrem
Startbildschirm, aber Sie können sie schneller errei-
chen, indem Sie sie auf Ihrem Bildschirm hochstrei-
chen.
   Wie fast alles auf der Smartwatch können Sie
auch mit Siri Musik abspielen. Heben Sie einfach Ihr
Handgelenk und sagen Sie: „Spiele Bob Dylan ab."

Wenn die Musik wiedergegeben wird, tippen Sie auf die obere Ecke und Sie haben die Möglichkeit, durch Künstler, Alben, Wiedergabeliste und Songs zu blättern (blättern Sie mit dem Digital Crown-Regler).

Die Smartwatch wird automatisch mit Ihrem Handy synchronisiert und spielt Musik ab, die sich auf Ihrem iPhone befindet. Das ist großartig, wenn sich Ihr Handy in der Nähe befindet, aber manchmal haben Sie Ihr Handy nicht in der Nähe und möchten Musik direkt auf Ihrer Smartwatch hören. Sie können Musik ziemlich einfach auf Ihre Smartwatch laden.

Um Musik hinzuzufügen, schließen Sie Ihre Smartwatch an das Ladegerät an und öffnen Sie dann die Apple Watch App auf Ihrem iPhone. Tippen Sie anschließend auf Musik (sie befindet sich unten in der Nähe). Tippen Sie anschließend auf „Wiedergabeliste synchronisieren" und wählen Sie die Songs aus, die Sie hinzufügen möchten.

Um Musik direkt von Ihrer Smartwatch abzuspielen, öffnen Sie die Musik-App und drücken Sie beim Öffnen der App fest auf den Bildschirm. Dadurch wird ein neues Menü mit vier Optionen geöffnet: Shuffle, Repeat, Source und Airplay. Wählen Sie „Quelle". Als nächstes wählen Sie Apple Watch. Es führt Sie nun durch das Koppeln Ihrer Smartwatch mit Bluetooth-Headsets, um die Musik zu hören.

4

Im vorherigen Menü können Sie auch Airplay auswählen, um Ihre Smartwatch mit einem Airplay-fähigen Lautsprecher zu verbinden.

Aktien

Wenn Sie einen oder mehrere Aktien von Ihrer Smartwatch aus überwachen möchten, öffnen Sie die Stock App; Sie können Details zu einer Aktie sehen, indem Sie auf sie in einer Liste tippen und dann die Digital Crown drehen, um zu scrollen.

Sie können Siri auch verwenden, um einen Aktienkurs zu finden, indem Sie sagen: „Was war der Schlusskurs für die XYZ-Aktie?"

Sie können die Aktien auch als einen Blick betrachten, indem Sie von Ihrem Zifferblatt aus nach oben und von der Aktienübersicht nach unten springen. Von hier aus können Sie auch Aktien hinzufügen.

Wetter

Es gibt ein paar Möglichkeiten, das Wetter auf Ihrer Smartwatch zu überprüfen; eine der einfachsten ist es, von Ihrem Zifferblatt zu streichen, um Docks hervorzurufen und dann das Wetterdock zu finden.

Wenn Sie detailliertere Wetterinformationen wünschen, gehen Sie zur Wetter App, indem Sie sie auf dem Watch Startbildschirm öffnen. Die Wetter-

App hat eine 10-tägige Vorhersage, aktuelle Temperatur und Bedingungen sowie die Möglichkeit von Regen.

Die Wetter-App ist mit Ihrem iPhone synchronisiert, wenn Sie also eine Stadt hinzufügen oder entfernen möchten, dann tun Sie es von Ihrem Handy aus.

Sie können die auf Ihrer Smartwatch angezeigte Standardstadt ändern, indem Sie die Apple Watch App auf Ihrem iPhone öffnen, auf Meine Smartwatch tippen und dann zu Wetter und Standardstadt gehen.

Activity

Eines der Merkmale, die Apple mit der Apple Watch wirklich fördert, ist Activity; einer der Gründe, die Smartwatch zu tragen, wenn man Apple glauben will, ist, dass man sich mehr bewegt. Es ist ein Verkaufsschlager für mich, weil ich ein fauler Mensch bin!

Die App ist in drei Fitnessziele unterteilt: Stehen Sie für mindestens eine Minute jeder Stunde auf, treffen Sie Ihr Kalorienverbrauchsziel, indem Sie sich mehr bewegen (Sie können Ihr Ziel festlegen und sammeln Sie 30 Minuten einer Aktivität an, die Bewegung über einem zügigen Spaziergang erfordert. Jeder dieser Ziele füllt Ringe; wenn Sie diese Ziele erreichen, beginnen sich die Ringe zu füllen, und am Ende des Tages sollten sie idealerweise voll sein.

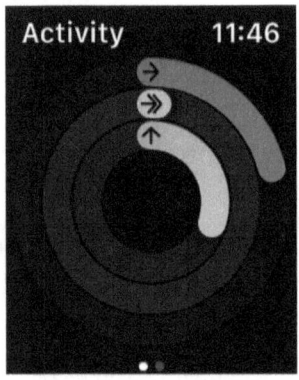

Um zu beginnen, gehen Sie auf Ihren Startbildschirm und tippen Sie auf die Activity App. Das erste Mal, wenn Sie die App öffnen, wird es Ihnen ein sehr kurzes Tutorial darüber geben, was die App ist und wie sie Ihnen hilft, ein glücklicheres, gesünderes Leben zu führen. Sobald Sie das Tutorial beendet haben, müssen Sie einige persönliche Daten eingeben - dies ist nur für Ihre Augen und Sie tun es nur einmal. Es wird dazu beitragen, dass die App so genau wie möglich ist. Drehen Sie für jeden Abschnitt die Digital Crown, um Ihre Daten einzugeben.

Nachdem Sie fertig sind, geben Sie Ihr Aktivitätsniveau an; Sie können dies später ändern, wenn Sie also nicht sicher sind, dann wählen Sie niedriger - nicht höher. Als nächstes sehen Sie Ihr vorgeschlagenes Ziel, das Sie akzeptieren oder anpassen können. Wenn Sie fertig sind, tippen Sie auf Bewegung starten. Ihre App wird Sie nun im Hintergrund tracken. Es ist nicht nötig, jeden Tag etwas zu beginnen.

Sie können die Activity App jederzeit aufrufen, indem Sie auf sie von Ihrem Startbildschirm aus tippen. Das erste, was Sie sehen werden, sind alle Ringe zusammen. Sie können Ihre Digital Crown verwenden, um weitere Detailinformationen zu den Ringen zu erhalten.

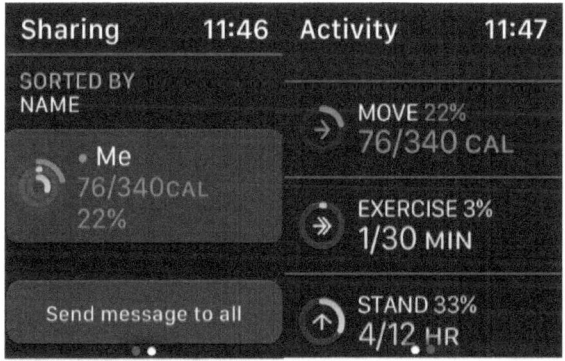

Sie können Ihre Ziele jederzeit ändern, indem Sie die App öffnen und dann fest auf das Display drücken. Sie können Ihnen auch Erinnerungen schicken lassen, um Sie zu ermutigen, Ihr Ziel zu erreichen.

In der Activity App auf Ihrem iPhone können Sie Ihren Activity-Verlauf einsehen und detailliertere Berichte darüber einsehen, was Sie getan haben. Die Messungen werden genauer, wenn Sie die Smartwatch mehr tragen, und sie lernen Ihr Verhalten kennen.

Schließlich, wenn Sie links auf die Aktivität App streichen, können Sie Ihre Aktivitätsziele teilen; perfekt für einen Faulenzer wie mich, der seinen Ehepartner daran erinnern möchte, dass er den ganzen Tag herumgesessen hat.

Workout

Workout ist eine Art Begleiter von Activity, auch wenn es dafür eine separate App gibt. Der Zweck ist es, Ihnen zu helfen, den Fortschritt während einer Trainingseinheit zu verfolgen und neue Meilensteine zu erreichen.

Tippen Sie auf der Startseite auf die App Workout und Sie werden sofort Dutzende von verschiedenen Trainingseinheiten sehen. Sie reichen von zügigen Spaziergängen bis hin zu intensiveren Trainingseinheiten - sowohl drinnen als auch draußen.

Für das Laufen im Innen- und Außenbereich oder das Gehen und Radfahren im Freien können Sie Ihnen auch ein Entfernungsziel setzen. Sie können auch kein Ziel wählen und einfach loslegen.

Im Folgenden finden Sie die Trainingsprogramme, aus denen Sie wählen können:

- Spaziergang im Freien
- Outdoor-Lauf
- Outdoor-Radfahren
- Spaziergang im Haus
- Indoor-Lauf
- Indoor-Radfahren
- Elliptisch
- Rudergerät
- Treppenstepper
- Intervalltraining mit hoher Intensität
- Wandern
- Yoga
- Schwimmen im Pool
- Draußen schwimmen
- Weiteres (nein, hier verfolgen Sie nicht das Fitnessziel „Fernsehen")

Sie können entweder das Training starten oder Ihnen Ziele setzen. Um ein Ziel zu setzen (z.B. wie weit Sie gehen wollen), tippen Sie auf die drei Punkte.

Dadurch werden vier Optionen angezeigt: Of-
fen, Kalorien, Distanz, Zeit.

Was diese Optionen tun werden, ist, ein Ziel zu
setzen. Sagen wir zum Beispiel, mein Ziel ist es,
drei Meilen zu gehen; ich füge drei Meilen hinzu,
dann tippe ich auf Starten und es beginnt zu tracken. Ich werde benachrichtigt, wenn ich drei Meilen erreiche.

Wenn Sie auf Starten klicken, zählt die Smartwatch sofort bis zum Start herunter. Während des
Trainings füllt sich hier ständig ein Ring, wenn Sie
sich Ihrem Ziel nähern.

Um das Training zu unterbrechen oder zu beenden, drücken Sie einfach fest auf die Anzeige und

drücken Sie auf Ende oder Pause. Wenn Sie das Training beenden, können Sie durch eine vollständige Zusammenfassung blättern. Sie können die Daten entweder speichern oder verwerfen.

Überprüfen Sie Ihre Herzfrequenz

Um die besten Ergebnisse mit Ihrer Herzfrequenz zu erzielen, stellen Sie sicher, dass die Smartwatch fest genug sitzt, um die Haut zu berühren, aber nicht zu fest.

Es wird Ihre Herzfrequenz messen, wenn Sie die App laden.

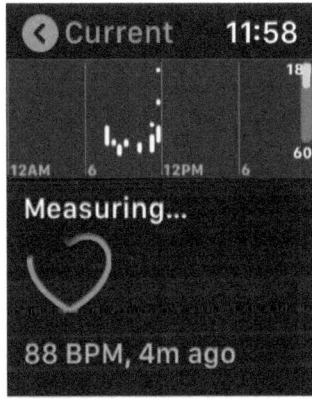

Das Antippen einer der drei Optionen: aktuell, Ruhefrequenz oder Spazierdurchschnitt gibt Ihnen einen Überblick über Ihre Herzfrequenz.

 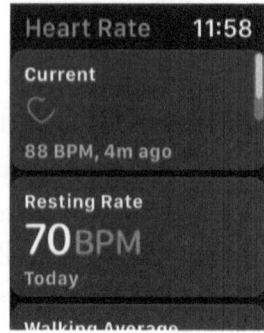

Wenn Sie sich in einem Training befinden, können Sie Ihre Herzfrequenz überprüfen, indem Sie
die untere Hälfte des Fortschrittsbildschirms des
Trainings streichen.

Alarme einstellen

Wenn Sie einen Wecker einstellen möchten, gehen Sie vom Startbildschirm Ihrer Smartwatch aus
zur Wecker App.

Sobald es geöffnet ist, drücken Sie fest auf das
Display und tippen Sie dann auf Neu +. Tippen Sie
auf Zeit ändern (denken Sie daran, auch AM / PM

zu ändern); Sie können den Digital Crown-Regler verwenden, um die Stunden und Minuten einzustellen. Tippen Sie abschließend auf Einstellen. Sie können auf das < in der linken oberen Ecke tippen, um zu den Alarmeinstellungen zurückzukehren, wo Sie einen Alarm wiederholen, Schlummern drücken oder beschriften können.

Um einen Alarm einzustellen, tippen Sie auf die App Wecker und dann auf den Alarm in der Liste, die Sie ändern möchten. Tippen Sie auf neben dem Alarm, um ihn ein- oder auszuschalten. Sie können einen Alarm löschen, indem Sie auf den Alarm tippen, dann nach unten scrollen und auf Löschen tippen.

Verwenden eines Timers

Um den Timer der Smartwatch zu verwenden, gehen Sie zum Hauptbildschirm und tippen Sie auf Timer; Timer können für bis zu 24 Stunden eingestellt werden. Um einen Timer einzustellen, öffnen Sie die App, tippen Sie auf Stunden oder Minuten, drehen Sie den Digital Crown-Regler, um die Uhrzeit einzustellen, und tippen Sie schließlich auf Start. Wenn der Timer mehr als 12 Stunden beträgt, drücken Sie beim Einstellen des Timers fest auf die Anzeige und tippen Sie auf 0-24 Stunden.

Verwenden der Stoppuhr

Wenn Sie die Stoppuhr verwenden möchten, um Dinge wie die Zeit einer Track-Runde zu messen, gehen Sie dann zu Ihrem Startbildschirm und tippen Sie auf Stoppuhr-App. Um die Smartwatch zu starten, tippen Sie auf die Schaltfläche Start; tippen Sie auf die Taste Runde, um die Zeit zu teilen oder eine Runde aufzunehmen. Die Zeitmessung wird fortgesetzt, während Sie zwischen ihnen wechseln. Wenn Sie fertig sind, tippen Sie auf Zurücksetzen.

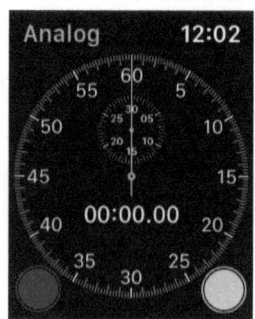

Sie können auch das Format für die Stoppuhr wählen; es gibt vier verschiedene: Analog, Digital, Grafik und Hybrid.

Fernsteuerung

Eine weniger bekannte Tatsache an der Smart-watch ist, dass sie gleichzeitig als Fernbedienung für iTunes und Apple TV dient.

Bevor Sie beginnen, stellen Sie sicher, dass so-wohl Ihre Smartwatch als auch Ihr Gerät das gleiche Netzwerk verwenden; wenn Ihr Telefon ein Wi-Fi verwendet und Ihre Smartwatch ein anderes, dann werden sie nicht funktionieren.

Remote Play iTunes

Wenn Sie die Smartwatch als Fernbedienung für iTunes auf Ihrem Mac verwenden möchten, öffnen Sie die Remote-Anwendung und tippen Sie dann auf Add Device+.

Klicken Sie in iTunes auf Ihrem Computer auf die Schaltfläche Remote oben im iTunes-Fenster; Sie werden aufgefordert, den vierstelligen Code einzugeben, der nun auf Ihrer Smartwatch ange-zeigt wird. (Hinweis: Wenn Sie in iTunes nach dem Remote-Button suchen, bevor Sie auf Gerät hinzu-fügen in der Apple Watch tippen, werden Sie lange warten, er wird erst nach dem Tippen auf Gerät hinzufügen angezeigt; stellen Sie auch sicher, dass iTunes aktuell ist.)

Fernbedienung für Apple TV

Wenn Sie die Smartwatch als Fernbedienung für iTunes auf Ihrem Apple TV verwenden möchten, öffnen Sie die Remote-Anwendung und tippen Sie anschließend auf Add Device+. (Hinweis: Denken Sie daran, dass Sie das gleiche Wi-Fi-Netzwerk verwenden müssen.)

Gehen Sie auf Ihrem Apple TV zu Einstellungen, dann Allgemein und schließlich Remote und wählen Sie die Apple Watch aus; geben Sie das Passwort ein, das sich gerade auf Ihrer Smartwatch befindet.

Walkie-Talkie

WatchOS 5 macht es viel einfacher, mit denjenigen zu kommunizieren, die mit der Walkie-Talkie-Funktion in der Nähe sind. Um sie nutzen zu können, benötigen beide Personen eine Apple Watch Series 1 oder höher und watchOS 5. Sie müssen FaceTime auch einschalten, da Sie FaceTime Audio verwenden werden.

Leider ist diese Funktion nicht in allen Ländern verfügbar.

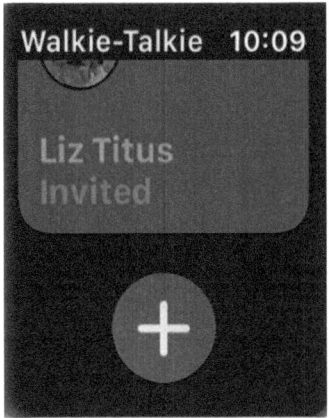

Wenn Sie die App zum ersten Mal benutzten, müssem Sie Freunde hinzufügen. Öffnen Sie die App. Tippen Sie auf ⊕ und wählen Sie dann einen Kontakt aus.

Jetzt warten Sie. Es ist nicht wie ein Telefonanruf, bei dem er sich sofort mit Ihrem Freund verbindet. Sie müssen Ihnen die Erlaubnis geben, sie zu erreichen. Es bleibt grau, bis die Person akzeptiert. Sobald sie akzeptiert haben, können Sie sofort anfangen zu reden.

Um einen Freund zu entfernen, öffnen Sie die Walkie-Talkie-App, streichen Sie den Freund nach links und tippen Sie dann auf ✕. Oder öffnen Sie die Apple Watch App auf Ihrem iPhone, tippen Sie auf Walkie-Talkie > Bearbeiten, tippen Sie ⊖, tippen Sie dann auf Entfernen.

4

Um ein Gespräch zu beginnen, öffnen Sie einfach die App, tippen Sie auf den Namen des Freundes (nachdem er angenommen hat, und warten Sie, bis er sich verbindet (er muss die Smartwatch tragen). Einmal verbunden, tippen Sie auf das Gespräch und sagen Sie etwas, dann lassen Sie es los, wenn Sie fertig sind.

Mit der Digitalkrone können Sie die Lautstärke auf und ab drehen.

Wenn Sie nicht mehr über diese Funktion sprechen möchten, öffnen Sie sie einfach und schalten Sie sie aus; wenn ein Kontakt versucht, Sie zu erreichen, wird es sagen, dass Sie nicht verfügbar sind.

Wenn Sie den Stummmodus einschalten, können Sie immer noch die Stimme der Person und die Klingeltüne hören, die hereinkommen. Wenn Sie den Theater-Modus einschalten oder Nicht stören, dann wird es Sie nicht erreichnar machen.

[8]

WELCHE ANDEREN DINGE SOLLTE ICH NOCH ÜBER DIE APPLE WATCH WISSEN?

Dieses Kapitel wird folgendes abdecken:
* Eingabehilfen
* Wie man die Apple Watch pflegt
* So setzen Sie die Apple Watch zurück
* So aktualisieren Sie die Apple Watch

Wie jedes Apple Produkt verfügt auch die Apple Watch über Eingabehilfen, um Menschen mit Behinderungen zu helfen.

Es funktioniert sehr ähnlich wie Ihr iPhone; um auf die Funktionen zuzugreifen, gehen Sie zur Apple Watch App auf Ihrem iPhone, dann Meine

Watch, dann Allgemein und schließlich Barrierefreiheit.

VoiceOver

VoiceOver hilft Ihnen, die Smartwatch zu benutzen, auch wenn Sie die Smartwatch nicht sehen können. Es wird alles, was auf Watcht ist, für Sie lesen. Sie können es einschalten, indem Sie auf dem Startbildschirm der Smartwatch zur App Einstellungen gehen, dann Allgemein,Barrierefreiheit und schließlich VoiceOver.

Wenn VoiceOver eingeschaltet ist, können Sie Ihren Finger über das Display bewegen und den Namen der einzelnen Elemente hören, die Sie berührt haben. VoiceOver verwendet auch andere Gesten; Sie können mit zwei Fingern zurückgehen, um eine „Z"-Form auf das Display zu zeichnen. Um eine App zu öffnen, doppeltippen Sie sie anstelle von einfachem Antippen. Um das Lesen des Bildschirminhalts durch VoiceOver zu unterbrechen, tippen Sie mit zwei Fingern auf das Display und erneut mit zwei Fingern, um die Wiedergabe fortzusetzen.

Wenn Sie Ihre Smartwatch zum ersten Mal einrichten, können Sie auch VoiceOver verwenden. Wenn Sie die Smartwatch zum ersten Mal einschalten, drücken Sie die Seitentaste; nachdem sie eingeschaltet wurde, klicken Sie dreifach auf den Digital Crown Knopf.

Zoom

Die Smartwatch ist ein kleines Display - vielleicht sogar kleiner, als Sie dachten - daher ist es verständlich, dass Sie das Display etwas größer haben möchten. Wenn dies der Fall ist, gehen Sie zur App Einstellungen und aktivieren Sie dann Allgemein, Barrierefreiheit und Zoom.

Um bei aktiviertem Zoom ein- oder auszublenden, tippen Sie mit zwei Fingern doppelt auf die Anzeige. Um sich auf der Anzeige zu bewegen (oder zu schwenken), ziehen Sie mit zwei Fingern.

Fettgedruckter Text

Die fettgedruckte Darstellung des Textes ist eine weitere Möglichkeit, das Lesen des Textes auf dem Bildschirm etwas zu erleichtern. Sie können den Text fett gedruckt darstellen, indem Sie zur App Einstellungen auf Ihrem Startbildschirm gehen, dann auf Allgemein und Barrierefreiheit tippen und Fettgedruckten Text aktivieren; die Smartwatch muss neu gestartet werden, bevor dies in Kraft tritt.

Handhabung

4

Entfernen der Armbänder

Um ein Armband zu wechseln, drücken Sie die Armbandentriegelungstaste an der Apple Watch, schieben Sie das Armband hinüber und schieben Sie dann das neue Armband ein. Sie sollten niemals ein Armband in den Schlitz zwingen, da es sonst klemmen könnte.

Es wird empfohlen, dass Sie das Armband so anbringen, dass es eng an Ihrer Haut anliegt, aber nicht so eng anliegt, dass es Ihr Handgelenk zusammendrückt.

Armbandpflege

Apple empfiehlt, die Lederteile der Armbänder mit einem nicht abrasiven, fusselfreien Tuch zu reinigen, das bei Bedarf mit Wasser befeuchtet wird. Das Armband sollte nicht an der Smartwatch befestigt werden. Lassen Sie das Armband nach der Reinigung trocknen, bevor Sie es wieder an der Smartwatch befestigen. Lagern Sie das Leder nicht in direkter Sonneneinstrahlung, bei hohen Temperaturen oder hoher Luftfeuchtigkeit; Sie sollten das Leder auch nicht in Wasser einweichen, da es nicht wasserdicht ist.

Für alle anderen Armbänder empfiehlt Apple die gleiche Reinigung, aber das Armband sollte mit einem nicht abrasiven, fusselfreien Tuch getrocknet werden.

Etwas fortgeschrittener

Neustart der Apple Watch erzwingen

In sehr seltenen Fällen kann die Apple Watch einfrieren oder muss zwangsweise neu gestartet werden. Wenn dies der Fall ist, halten Sie die Seitentaste und den Digital Crown Knopf gleichzeitig zehn Sekunden lang gedrückt. Wenn das Apple-Logo erscheint, können Sie loslassen.

Zurücksetzen der Watch-Einstellungen

Wenn Sie die Watch-Einstellungen zurücksetzen und die Smartwatch neu einstellem möchten (denken Sie daran, dass dies alles löscht), gehen Sie dann zur App Einstellungen auf der Startseite, dann zu Allgemein, Zurücksetzen und schließlich Alle Inhalte und Einstellungen löschen. Sobald es zurückgesetzt ist, müssen Sie es wieder mit Ihrem Handy verbinden. Stellen Sie sicher, dass Sie dies tun, wenn Sie jemals Ihre Smartwatch oder Ihr Telefon verkaufen oder verschenken, da Ihre wichtigen Informationen (wie Kreditkarten) für diese Person verfügbar sein werden, wenn Sie es nicht tun.

Holen Sie sich Ihre Watch DNA

Wenn Sie wissen möchten, welche Modellnummer Ihre Smartwatch hat, welche Softwareversion sie hat, wie ihre Seriennummer lautet oder wie

4

groß ihre Kapazität ist, gehen Sie von Ihrem Startbildschirm aus zur App Einstellungen und dann zu Allgemein und Über.

Apple Watch Software aktualisieren

Ähnlich wie beim iPhone und iPad werden Updates der Apple Watch Software drahtlos durchgeführt - das bedeutet, dass Sie nichts anschließen müssen.

Um zu sehen, ob es ein Update gibt, öffnen Sie die Apple Watch App auf dem iPhone und tippen Sie dann auf Meine Watch, Allgemein und schließlich Software Updates. Es wird Ihnen sagen, ob es ein Update gibt, und dann folgst Sie einfach den Schritten. Updates finden nicht sehr oft statt - in der Regel nur eine Handvoll Mal im Jahr.

[9]

SO VIELE ARMARMBÄNDER UND ZUBEHÖRTEILE, SO WENIG ZEIT

Dieses Kapitel wird folgendes abdecken:
- Offizielle Apple Watch-Armbänder und Zubehör
- Inoffizielle Apple Watch-Armbänder und Zubehör

Watch-Armbänder & Zubehör

Was ist eine Smartwatch ohne Armband? Im Gegensatz zu herkömmlichen Armbändern macht es die Apple Watch bemerkenswert einfach, Armbänder auszutauschen. Und im Gegensatz zu jedem anderen Apple-Produkt haben Sie viele Möglichkeiten; normalerweise gibt es ein Apple-Produkt in zwei oder drei Farben; mit den Smartwatches gibt

es mehrere Dutzend Möglichkeiten, sie zu kombi-
nieren.

Nachfolgend finden Sie eine Anleitung zu den
verschiedenen Möglichkeiten, aus denen Sie wählen können. (Hinweis: Denken Sie beim Kauf eines
Bandes daran, dass ein 42mm Armband nicht mit
einem 38mm Armband kompatibel ist oder umge-
kehrt). Sofern nicht anders angegeben, sind alle
Armbänder in den Größen 38 und 42 mm erhältlich. Einige Armbänder sind nicht für alle Größen
geeignet.

Offizielle Armbänder & Zubehör

Sport Band

Es ist in den Farben Schwarz, Raumgrau, Weiß,
Pink, Blau, Grün erhältlich. Die Armband ist offensichtlich am besten zum Trainieren geeignet; sie ist
auch die billigste verfügbare Armband. Es besteht
aus Fluorelastomer, einem synthetischen Gummi,

der dafür bekannt ist, dass er bei Hitze gut funktioniert. Da dieses Armband nicht für alle geeignet ist, hilft Ihnen die untenstehende Tabelle, die richtige Wahl zu treffen:

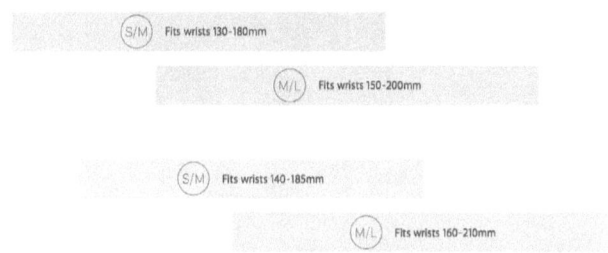

Classic Buckle

Dieses Armband ist aus „niederländischem Leder" von einer Gerberei in den Niederlanden hergestellt. Apple verspricht, dass die dies ihr eine unverwechselbare Textur verleiht. Der Verschluss ist aus Edelstahl gefertigt.

Milanese Loop

Apple sagt, dass die Inspiration für dieses Edelstahlmaschenband ein Maschenband aus dem 19. Jahrhundert in Mailand war. Das Armband ist vollständig magnetisch und leicht anzulegen.

Modern Buckle
Drei Größen: klein, mittel und groß

Es ist in den Farben Braun, Schwarz, Pink und Nachtblau erhältlich. Das Leder für dieses atembe-raubende Armband stammt von einer französischen Gerberei, die 1803 gegründet wurde. Wie unter-scheiden sich die modernen und klassischen Arm-bänder? Das Leder ist etwas anders, aber der auffälligste Unterschied ist die Schnalle. Der Klassi-ker ist ein Riemen mit Löchern; der moderne ist ein Magnetband, das Ihnen hilft, eine präzisere Pass-form zu erzielen. Da dieses Armband nicht für alle geeignet ist, hilft Ihnen die untenstehende Tabelle, die richtige Wahl zu treffen:

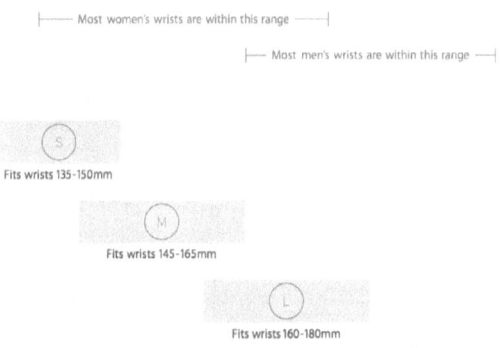

Link Bracelet

Dieses Edelstahlband, eines der teuersten und komplexesten Armbänder, besteht aus über 100 Teilen. Apple behauptet, dass die Handwerkskunst so komplex ist, dass es neun Stunden dauert, ein einziges Gehäuse zu montieren. Der Magnetverschluss ist eine Einheitsgröße.

Leather Loop
Nur für das 42mm Armband erhältlich.

Es ist in den Farben Stein, Hellbraun, Hellblau, Hellblau und Schwarz erhältlich. Hergestellt aus Venezia-Leder und in Arzignano, Italien, handgefertigt, hat dieses Armband einen weichen und vergoldeten Griff. Die Magnetschleife ist einfach anzulegen. Da dieses Armband nicht für alle geeignet ist, hilft Ihnen die untenstehende Tabelle, die richtige Wahl zu treffen:

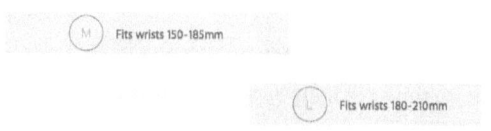

Apple Watch Magnetisches Ladekabel
($29 für 1m Kabel; $39 für 2m Kabel)

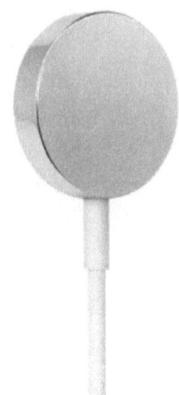

Apple hat nur ein offizielles Zubehör für die Apple Watch angekündigt, und das ist ein zusätzliches Ladegerät (eines wird Ihrer Smartwatch kostenlos mitgeliefert).

Inoffizielle Armbänder
Es ist unbestreitbar, dass die Apple Watch Armbänder trendig sind... aber sie sind auch teuer. Wenn Sie Ihre Smartwatch mit etwas weniger kostspieligem ergänzen wollen, sind bereits viele Optionen aufgetaucht und viele weitere kommen hinzu.

Casetify

Click hat eine Sammlung von Armbändern für
$50. Für den gleichen Preis können Sie auch Ihre
Armband individuell gestalten und Ihre eigenen Fotos hinzufügen, um ein wirklich einzigartiges Mode-
statement zu erhalten.

Click

Click ist eine 10-Dollar-Komponente, die an Ihrer Apple Watch befestigt wird und Sie und jedes
andere Armband, das Sie möchten, ermöglicht -
wenn Sie also ein schönes traditionelles Armband
in Ihrem Schrank haben, ist dies eine gute Option
für Sie.

Monowear Design

Monowear Design verspricht, Apple Style zu haben, zu nicht Apple Preisen. Ein Leder- oder verknüpftes Armbans, das den Apple-Armbändern überraschend ähnlich sieht, kann für weniger als 100 Dollar gekauft werden.

Reserve Strap

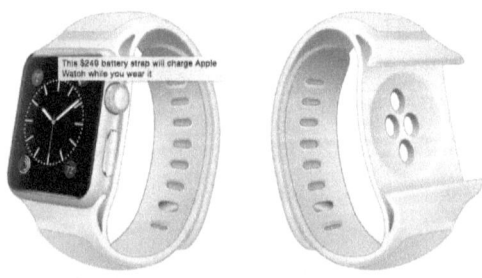

Wenn Sie sich Sorgen über den Batterieverbrauch der Apple Watch machen, dann ist Reserve Watch vielleicht genau das Richtige für Sie. Die $249.99 verspricht, Ihrer Smartwatch mehr Saft zu geben (keine Erwähnung, wie viel an diesem

Schreiben). Diese Smartwatch ist derzeit zur Vorbe-
stellung verfügbar, aber es ist noch nicht bekannt,
wann das Armband veröffentlicht wird.

Pod by Nomad

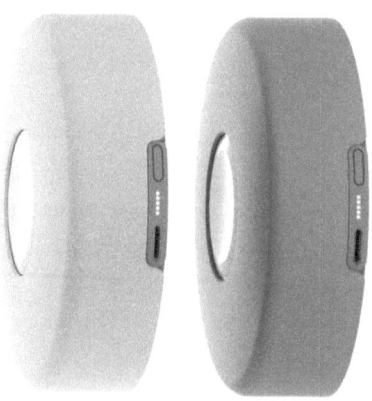

Für Leute, die ihre Smartwatch auch unterwegs
ohne das Preisschild mit dem Armband $249 aufla-
den wollen, gibt es auch den Pod von Nomad, der
bei $59,95 liegt. Dieses kleine Gerät passt prob-
lemlos in Handtaschen oder Aktentaschen und verspricht, Ihre Smartwatch viermal aufzuladen, bevor
sie selbst aufgeladen werden muss.

X-doria

Es gibt bereits mehrere Stoßfänger für die Apple Watch (die helfen, Ihre Smartwatch wie ein Gehäuse vor Kratzern zu schützen). Einer davon ist der Defense Edge für 29,99 $.

Var Cyclip

Der Var Cyclip verspricht vielleicht das erste Zubehör zu sein, mit dem Sie Ihre Smartwatch an einem Lenker befestigen können (ob Fahrrad, Moped oder Motorrad). Kein Wort bei diesem Schreiben über den Preis oder die Verfügbarkeit.

Calypso Timeless

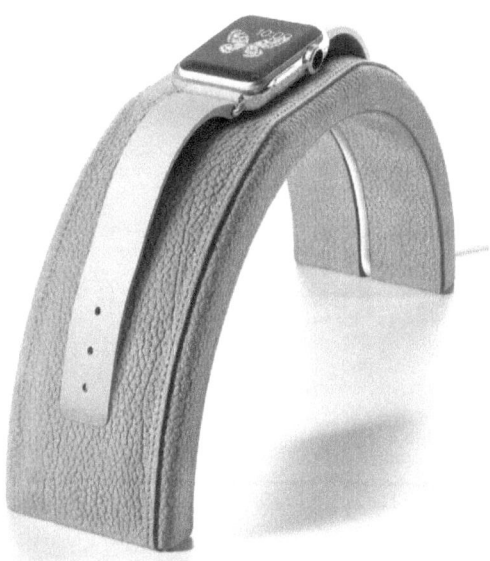

Sie haben viel für Ihre Smartwatch bezahlt, also warum zeigen Sie es nicht? Wenn Sie einen stilvollen Ständer für Ihre Smartwatch möchten, schauen Sie sich den Calypso Timeless an - einen Ständer für 129 Dollar.

Dies sind einige der vielen verfügbaren Armbänder, aber suchen Sie nach Hunderten von anderen Optionen im Laufe der Monate.

[10]

APPLE KÜMMERT SICH?

Dieses Kapitel wird folgendes abdecken:
- Was ist unter der Standard Apple Watch Garantie abgedeckt?
- Was ist Apple Care?

Gewährleistung
Da die Smartwatch so empfindlich sein kann, ist es wichtig zu verstehen, was unter die Garantie fällt und was nicht.

Abgedeckt
Schmutz unter dem Displayglas oder Pixelanomalie; die hintere Abdeckung wird entfernt, aber es gibt keine Beschädigung (durch Beschädigung

---

sollte es absolut keinen Beweis dafür geben, dass die Abdeckung durch Eindringen entfernt wurde); und schließlich Kondensation in den Herzfrequenzsensorfenstern.

Kostenpflichtig

Zu den Schäden, die außerhalb der Garantie abgedeckt sind, gehören gerissene, fehlende, entfernte oder beschädigte Digital Crown Kape; Abschürfungen, Einstichlöcher, fehlende Knöpfe bei einem Sturz, Späne im Display, eine entfernte Rückwand mit Beschädigung, ein gebogenes Bandgehäuse, eine fehlende Bandauslösung oder Risse auf der Rückenabdeckung.

Für diese Dienste fallen Gebühren an, deren Höhe vom Modell und ob Sie AppleCare + haben.

Nicht berechtigt für den Service

Folgende Schäden gelten als nicht gewährleistungsberechtigt: Demontage des Gerätes oder fehlende Teile, katastrophale Schäden, gefälschte oder Fremdteile und schließlich unbefugte Änderungen. (Hinweis: Katastrophale Dchäden können mit AppleCare+ abgedeckt werden; erkundigen Sie sich beim Apple Store und erklären Sie die Situation; sie wird nach eigenem Ermessen bereitgestellt).

4

AppleCare

Jede Apple Watch wird mit AppleCare geliefert; für den erweiterten Service bietet AppleCare jedoch auch AppleCare+.

Wo ist der Unterschied? Die kostenlose Betreuung beinhaltet eine einjährige beschränkte Garantie für Hardware-Reparaturen und 90 Tage kostenlosen technischen Support. AppleCare+ verlängert die Garantie auf zwei Jahre. Für die teurere Apple Watch Edition wird diese Garantie um ein weiteres Jahr verlängert. Mit AppleCare+ erhalten Sie zwei Fälle von Unfallschäden (Gebühren fallen an).

Bevor Sie für AppleCare bezahlen, sollten Sie sich überlegen, welche Dienstleistungen Ihre Kreditkarte anbietet; einige Kreditkarten bieten Garantieverlängerungen an, wenn Sie ihre Karte zum Kauf verwenden. Einige halten sogar Verlust oder Diebstahl für möglich (was übrigens von AppleCare+ nicht abgedeckt wird).

Lohnt sich AppleCare+ also? Persönlich mag ich es zur Beruhigung; ich muss mir keine Sorgen um teure Fälle oder die Smartwatch irgenwo hinschlagen machen. Apple Stores verfügen über einen hervorragenden Kundenservice, wenn es um AppleCare+ geht.

Wenn Unternehmen erfahren, was die Smartwatch zum Laufen bringt, werden Services auftauchen, die Reparaturen billiger anbieten als die von

AppleCare, aber Apple wird immer der einfachste Weg sein, Ihre Smartwatch zu reparieren.

ANHANG: DIE APPS

Apple Apps

Dieses Buch hat alle wichtigen Apps bereits am Telefon behandelt, aber für einen schnellen Überblick sind sie hier wieder.

- Nachrichten - Hier werden Sie Textnachrichten senden und empfangen (und auch animierte Emojis senden und empfangen).
- Telefon - Hier machen und empfangen Sie natürlich Anrufe, aber es sollte beachtet werden, dass Sie, wenn Sie das Telefon am Handgelenk benutzen, diesen Anruf auch auf Ihr iPhone übertragen können. Wenn Sie also an einen Ort gehen, an dem die Freisprecheinrichtung verpönt ist, müssen Sie nicht auflegen und zurückrufen.
- Mail - Sie können Ihre Mail-Nachricht lesen, aber sie ist nicht zum Antworten - sie ist eher für die Verwaltung von Mail gedacht

(d.h. Löschen, Lesen, Markieren und Verschieben).

- Kalender - mit dieser App können Sie schnell durch Ihren Kalender blättern und Einladungen annehmen und ablehnen.

- Activity - diese App ist ein bisschen eine motivierende Trainings-App - sie gibt Ihnen eine Zusammenfassung darüber, wie viel Sie stehen, trainieren, sich bewegen... kurz gesagt, sie gibt Ihnen das Gefühl, schuldig zu sein, wie faul Sie sind.

- Workout - wenn Sie trainieren, sagen Sie Ihrer Smartwatch, was Sie tun (Laufen, Gehen, Radfahren) und dann zeigt es Ihnen, wie weit Sie gegangen sind und wie schnell Sie gehen.

- Maps - eine Turn-by-Turn-Karte...mit einer Wendung - wenn es Zeit für Sie ist, abzubiegen, stupst sie Ihnen an das Handgelenk.

- Passbook - Dies ist im Wesentlichen eine Mikroversion von Passbook für das iPhone, aber anstatt Ihr Handy an den Scanner zu halten, halten Sie Ihr Handgelenk.

- Siri - Siri ist eine der wichtigsten Apps auf der Apple Watch, denn ohne Tastatur brauchen Sie sie, um Dinge schnell zu finden; um sie zu benutzen, heben Sie einfach Ihr Handgelenk an und sagen Sie „Hey Siri" - es müssen keine Tasten gedrückt werden, um Siri aufzurufen.

- Musik - Die Musik-App ist das, was Sie erwarten würden... es sei denn, Sie erwarten, Headsets anzuschließen; es gibt keinen Audioeingang auf der Smartwatch, also müssen Sie zum Hören Bluetooth-Kopfhörer verwenden.

- Kamerafernbedienung - Die Smartwatch hat keine eingebaute Kamera; was sie an ihrer Stelle hat, ist ein Sucher, also wenn Sie ein Selfie mit Ihrem Handy machen wollen, dann können Sie die Smartwatch benutzen, um das Foto zu machen.

- Fernbedienung - Wenn Sie ein Apple TV haben, können Sie es mit dieser App von Ihrem Handgelenk aus steuern; Sie können es auch verwenden, um die iTunes-Bibliothek Ihres Mac oder PCs zu steuern.

- Wetter - Ermöglicht es Ihnen, eine visuelle Zusammenfassung des Wetters zu sehen, wo Sie sich befinden oder wo auch immer auf der Welt.

- Aktien - Mit dieser App können Sie die Wertentwicklung von Aktien für bis zu sechs Monate verfolgen.

- Fotos - Hier sehen Sie alle Ihre Lieblingsfotos.

- Alarm / Stoppuhr / Timer - Dies sind drei relativ einfache Anwendungen, die genau das tun, was man von ihnen erwarten würde.

- Weltuhr - während der Zeitbildschirm der Smartwatch das Hauptmerkmal ist, verfügt sie über eine zweite App zur Zeiterfassung auf der ganzen Welt.
- Einstellungen - Hier können Sie Wi-Fi, Bluetooth, etc. deaktivieren.

Non-Apple-Applikationen
Es besteht die Möglichkeit, dass Sie bereits von allen beliebten Apps für die Apple Watch gehört haben. Ich spreche von Twitter, Instagram, etc. Unten stelle ich einige meiner Lieblings-Apps, von denen Sie vielleicht noch nie gehört haben.

SwipeSpeare

SwipeSpeare bringt Shakespeares Worte mit einem Schlag ins moderne Englisch; wenn Sie die App starten, wählen Sie Ihr Stück und dann werden Sie gefragt, ob Sie es in modernem Englisch oder in der Originalsprache lesen wollen. Jedes Mal, wenn Sie sehen wollen, was der Abschnitt in der anderen Übersetzung sagt, streichen Sie einfach mit dem Finger über den Durchgang. Es enthält auch ein kostenloses Exemplar von Romeo und Julia! Die Watch-App synchronisiert Ihre Notizen, Lesezeichen und Highlights.

SwipeBible

Es gibt noch nicht viele Bibelanwendungen für die Smartwatch. Sie kennen wahrscheinlich alle beliebten, aber eines, von dem Sie vielleicht noch nichts gehört haben, ist SwipeBible; es ist von den Machern von SwipeSpeare und es ist völlig kostenlos. Es ermöglicht Ihnen, bis zu neun Bibelübersetzungen gleichzeitig zu öffnen und zwischen den Übersetzungen zu wechseln, indem Sie den Vers durchstreichen. Die Begleit-App ist ähnlich wie SwipeSpeare und ermöglicht die Verwaltung von Notizen, Lesezeichen und Highlights.

Do Button

Vergessen Sie immer Dinge wie das Ausschalten des Lichts zu tun? Probieren Sie diese App aus, die Ihnen hilft, Ihr Leben etwas besser zu organisieren.

Dating

Ihr Liebesleben ist jetzt auf Ihrem Handy. Zwei beliebte Dating-Apps (OkCupid und die Match Dating App) haben bereits einen Weg gefunden, Ihr Dating-Leben auf Ihr Handgelenk zu legen. Auf der Suche nach Liebe? Probieren Sie diese Apps aus!

Spiele

Spiele sind nicht ideal für Apple Watch, aber einige haben bereits herausgefunden, wie man das macht. Eine davon ist BoxPop, das sowohl herausfordernd als auch süchtig machend ist. Wortspiele sind auch eine großartige Ergänzung; ein Wortspiel, das bereits herausgefunden hat, wie man ein schönes Spiel für das Handgelenk macht, ist Letter Zap.

PowerPoint
Apple hat natürlich die App seiner eigenen Software beworben: Keynote. PowerPoint wurde nicht so viel Aufmerksamkeit geschenkt; die Microsoft-App lässt Sie Ihre Smartwatch als Fernbedienung für Ihre PowerPoint-Folien auf Ihrem iPhone verwenden.

CALC
Der Taschenrechner ist mehr als eine Taschenrechner-App; er ermöglicht es Ihnen auch herauszufinden, wie viel Trinkgeld Sie in einem Restaurant geben müssen. Es ist einfach zu bedienen und ziemlich leistungsstark für eine Smartwatches-App. Es ist kostenlos herunterzuladen und kostet $1.99 für Premium-Funktionen. Wenn Sie nur Trinkgeld geben wollen, dann ist eine weitere schöne App Cow Tipper.

Tasty Recipes
Das Lesen ist nicht immer einfach auf der Smartwatch; während ich nicht empfehle, ein Buch auf

der Smartwatch zu lesen, passen Rezepte perfekt; so können Sie Ihre Smartphone in einem anderen Raum lassen und gleichzeitig alle Ihre Lieblingsgerichte zubereiten, indem Sie eine Schritt-für-Schritt-Anleitung direkt auf Ihrer Smartwatch erhalten.

7 Minute Workout

Apple hat Sie mit einer großartigen Trainings-App abgedeckt - aber wenn Sie es ein wenig ändern wollen, oder einfach nur nach etwas suchen, das Sie ein wenig schneller trainieren lässt - dann versuchen Sie diese App. Wie der Name schon sagt, bietet es Ihnen ein intensives Training in nur sieben Minuten.

Day One

Das Schreiben ist nicht das, wofür die Smartwatch gemacht wurde - also scheint eine Journal-App (Preis: 4,99 $) eine seltsame Sache zu sein, für die man eine App machen kann; trotzdem ist diese App überraschend intuitiv und einfach zu bedienen. Sie können schnell notieren, wo Sie sich befinden, oder das Mikrofon der Smartwatch verwenden, um zu diktieren.

www.ingramcontent.com/pod-product-compliance
Lightning Source LLC
Chambersburg PA
CBHW030644220526
45463CB00004B/1631